U0111576

大展好書　好書大展
品嘗好書　冠群可期

大展好書　好書大展
品嘗好書‧冠群可期

武學釋典 57

太極拳，
你練對了嗎

尹立新(老六)　著

大展出版社有限公司

捅破太極拳那層紙

到50歲才捅破了那層紙——太極拳是一種養生拳。

為什麼從接觸太極拳開始就無法抑制，產生了一種想把中國傳統太極拳都挨個瞭解一遍的強烈慾望，現在想來就只能歸於它對身體不適的調理效果。

直接誘發我對太極拳產生興趣的是因久坐而引起的很嚴重的腰椎間盤突出。因為職業原因，需要長期伏案工作。記得那時候工作起來非常拼命，上班時間除了上廁所就是埋頭審閱書稿。

突然有一天，右腿抬起來竟完全不能打開，鑽心的疼痛都不知道是從哪個具體的部位發起的，隨後越來越嚴重。醫生告訴我，這是一種嚴重的職業病，無法治癒，發作時只能透過理療緩解疼痛。

很幸運，有人向我推薦了太極拳，這是我平生第一次接觸太極拳，對我來說這種體驗是陌生的，也是我第一次對自己身體部位一點一點地產生感知，好像沉睡著的肌肉和筋膜在慢慢蘇醒。隨後，我開始關注太極拳，慢慢發現了很多身邊人因為練習太極拳治好了腱鞘炎、落枕、肩周

炎、膝蓋疼痛等。

到50歲時還捅破了一層紙——太極拳是一種生命體驗的展示。

想必人們對太極拳這種古老又神秘的非物質文化遺產的認知並不是一種個體意識，而是一種群體意識。據不完全統計，全球大概有3億人正在體驗這種運動方式。有人是為了追求一種行雲流水一般的藝術韻味，有人是為了追求一種在音樂伴奏下的身體的解放，有人是為了踐行被文學大師喚醒的武俠夢……但萬變不離其宗，到達一定程度後，人們自然就會思考，練太極拳到底是在練什麼？到底應該怎麼練才能走進太極拳神秘的殿堂？

輾轉結識了尹立新老師後，我對太極拳的認知發生了根本性的變化。太極拳不僅僅是一種運動方式，也不僅僅是一種傳統的武術形式，實際上它的內在是人與自然與天地的一種溝通。

首先，我明白了練太極拳只有練出丹田勁才算走上了太極拳之路，否則丹田不轉，太極拳就是白練。看到那麼多人不明白這個道理，幾十年練下來仍在門外徘徊，有刻苦用功的甚至練壞了身體，多麼令人惋惜。

其次，練習太極拳是講究層次的。每個層次都有自己的練習方法和要求。在這個層次某個方法是正確的，也許在下一個層次就需要變換另外一種方法，絕對不能眉毛鬍子一把抓。比如初級階段人體骨架還不穩定，就要求做動作時兩膝外撐固定。到下一個層次人體間架結構基本穩定，這時就要求兩膝要有微合之意。

再次，就是一個字「練」。有時候人們面對一種事物感到迷茫，並不是他們對這一事物無從瞭解，而是他們接收的資訊過於龐雜，而自身的知識儲備又沒有能力幫他們過濾掉無用資訊。解決的辦法就是牢記大道至簡，不要看那麼多理論。讀完本書你就會發現，在每個階段尹老師都給出了明確的可執行的操作方法。銘記方法，靜心練習就行了。前面提到的那位透過練習太極拳治好了腱鞘炎的師兄就是遵照老師「十六個字」的要求，經過三年的練習達到了一個較高的水準。

最後，我想說，太極拳需要按照正確的方法，堅持習練。不是別人告訴你幾個「秘訣」，你就算會打太極拳了。我自認為在練拳過程中沒有跑偏，一直在按要求練習，但在重播自己剛開始練拳的視訊時，也驚訝起初幾年整體拳架的單薄和拘謹，再明顯不過地展示出了我探索太極拳的軌跡。

無須掩醜，更無須尷尬，那是一個真實的探索過程，如同不必為自己曾經穿過開襠褲而尷尬一樣。

生命體驗是可以信賴的。它不是聽命於旁人的指示，也不是按某本教科書去闡釋，而是以自己的心靈和行動來體驗，是那種難以用準確的理性語言來概括的獨特而美妙的感覺。

這本書的作者尹立新是我的老師，也是我的朋友。他是位純粹喜歡太極拳的人。他不止一次跟我說，希望自己能變成一個嚮導，為更多的朋友揭開太極世界的一角，扭轉他們對太極拳的錯誤認知，引導他們去探索。當越來越

多的人瞭解到其中的妙處並投身進來時，細小的溪流會匯成江河，江河會聚成大海。

這是一個了不起的思想。他說這些話的時候，雙目放著光芒。

來，讓我們翻開本書，盡情領略那個世界的無限風光吧！

王學莉

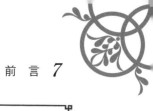

前 言

太極拳究竟要練什麼

太極拳界有諸多怪象：有練拳多年健康指標每況愈下的，有孜孜不倦卻把膝蓋練壞的，有習拳數十年卻如做體操一般，沒有任何長進的。

這些拳友勤奮癡迷，日日不輟，可得到的結果卻讓人大跌眼鏡。

問題出在哪裡？太極拳究竟能不能養生？怎樣才算跨入太極之門？練好太極拳的標準是什麼？

苦苦思索多年，老六（筆者）發現，要回答上面的問題，或者解讀太極拳的所有謎題，有一個問題無論如何是繞不過去的。

這個問題就是：太極拳究竟要練什麼？

太極拳是內家拳。所謂內家拳，就是不重筋骨皮，而要練內氣。這是共識。共識歸共識，但內氣究竟是什麼？具有什麼樣的特性？如何才能練到身上？

翻遍古今拳論典籍，也找不到一個切實可行的方法。

切實可行，是老六提出的一個衡量準則，概括起來就是「三可一普」——可操作、可重複、可驗證、普適性

強。

可操作，不是雲山霧罩，不是無處下手，而是聽得懂，做得到，練得出。

可重複，不是個案，不是孤例，絕大多數人都可以依葫蘆畫瓢，複製到身上。

可驗證，不是心法，不是意念，而是自己有切身體會，別人可以看得到，甚至能感受到。

普適性強，不需過人的天分，不要超人的身體條件，大眾都可以習練。

這樣的方法究竟存不存在？

回答這個問題之前，首先需要明確的一點，氣並不是虛無縹緲的存在，按中醫的說法：它是存在於人體內，維持生命的最基本的精微物質。它與血相伴相生，互依共存，是調節人體陰陽平衡的重要介質。

老六經過十多年的探索和驗證，發現丹田內氣並非高不可攀，與普通人絕緣，而是有跡可循、有規可依，按正確的方法練習，絕大多數人都可以練到身上，從中受益。

為了幫助更多拳友走出誤區，真正踏入太極之門，老六決定將練習丹田內氣的經驗體會分享出來，整理成冊，希望能夠拋磚引玉，引發更多太極拳愛好者的關注與思考，將太極拳這一民族文化瑰寶傳承發展下去。

在閱讀本書之前，有兩點需要提醒讀者一下：

首先，本書與普通太極拳理論書籍不同，不按常理出牌，會帶著你從全新的視角來審視太極拳，顛覆性的觀點可能會給你帶來不適，對此，你要有充分的心理準備。

　　第二，本書不是《葵花寶典》《九陰真經》，按文中方法修煉不會「得道成仙」。它的主要作用是升級你大腦的作業系統，重構你對太極拳的認知。如果你的天資不錯，又勤奮刻苦，按書中的方法練習，每天1-2個小時，3個月可以感受到丹田萌動，6個月會感覺到丹田隨著肢體運動而滾動、轉動。如果你資質一般，也不會一無所獲，你可能體會不到丹田內轉的奇妙感覺，但你的身體一定會發生變化，拳技會上一個全新的臺階！

　　改變，就在當下，讓我們一同開啟太極丹田之旅吧！

目　錄

3 答疑解惑 ··· 193

太極拳，最慈悲的運動

尋常運動，多有門檻羈絆，
唯太極拳垂憐蒼生，
無論性別，無論年齡，
無論貴賤，無論壯羸，
上至耄耋老者，下至學步幼童，
男女老幼，來者勿拒，
有容乃大，眷顧眾生。

游泳需要水，玩球需要場，
太極拳赤手即可，
臥牛之地可開單鞭，
方寸之間可練雲手，
室外可練，室內可練，
茶餘飯後可練，
課間工間可練，
抬手即始，收腳即止，
隨時隨地，無拘無束。
陰陽一調百病消，
太極拳以易理為根，
調和陰陽，煉精化氣，
熬煉筋骨，摩撫五臟，

暢通經絡，滋養百脈，
能扶正固本，可療養身心，
調理百病，無出其右。

跑步耍球，游泳爬山，
諸多運動，手腳先行，
四肢常動而五臟倦慵，
有傷膝傷肩之虞，存傷腕傷肘隱憂，
太極內運外動，周身上下協同，
一動無有不動，一靜百骸皆定，
錘煉四肢筋骨，氣運五臟六腑，
丹田引領周身，健體全面均衡。

太極以武入道，性命兼修，
不偏不倚，持衡守中，
外能強筋健骨，內可涵養性情，
去浮棄躁，靜養靈根，
培淡泊名利之心性，育恬淡虛無之大境，
既可坐而論道，又可動中求靜，
覽盡天下運動，孰能與之爭鋒？

十道自測題，檢測一下你對太極拳的認知

　　在正文開始之前，我們先來做一個小測試。如果不喜歡這個測試，就跳過去，不會影響後文的閱讀。

　　一共有10道簡單的題目，答案二選一。

　　計分規則：1-8題，如果你選擇「是」，得1分；選擇「不一定或否」，則不得分。第9題、第10題選「有」，不得分；選「沒有或不確定」，得1分。

　　1.「鬆鬆鬆，太極功」，學太極拳，首先要學會鬆。

　　　　　是 □　　　　不一定或否 □

　　2. 練拳不練功，到老一場空，套路是次要的，功夫都在站樁、基本功裡。

　　　　　是 □　　　　不一定或否 □

　　3. 想練好太極拳，一定要認真研究八卦、五行、經絡、穴位等等。

　　　　　是 □　　　　不一定或否 □

　　4. 練太極拳，要注重呼吸、配合呼吸。

　　　　　是 □　　　　不一定或否 □

　　5. 古人的拳論一定是正確的。

　　　　　是 □　　　　不一定或否 □

　　6. 只有架子低，才能練好太極拳。

　　　　　是 □　　　　不一定或否 □

7. 學好太極拳，一定要多與人交流，要多聽別人的意見。

     是 □   不一定或否 □

8. 練太極拳，膝蓋痛很正常。

     是 □   不一定或否 □

9. 人體內有沒有氣？

     有 □   沒有或不確定 □

10.你的丹田有沒有沉、墜、脹、動、轉的感覺？

     有 □   沒有或不確定 □

低於2分：恭喜你！你與太極緣分不淺，要嘛是太極高手，要嘛是潛力無限。你也有幸遇到了明師。如果你練拳300小時以上，丹田應該很有感覺了吧？

2～5分：你的拳練得還行，丹田感覺似有似無，提升的希望很大，但容易受到誤導，對拳的理解尚有偏差。

6～8分：情況有點糟糕，你接受的錯誤資訊太多，離太極之門還比較遙遠。要嘛在自學，要嘛跟錯了老師。懸崖勒馬，調轉方向，尚有希望。

9～10分：有兩種可能，要嘛你是把做題當遊戲，隨便勾選；要嘛你離太極之門十萬八千里。

如果你的得分為0，或者你壓根就沒做這些題，而且一看這些題目就忍不住想笑，急切地想往下面看答案，那說明你早就登堂入室，內功了得！既如此，還在這裡湊啥熱鬧？該幹嗎幹嗎去吧！

太極拳說明書2.0版

【通用名稱】太極拳。

【曾用名稱】綿拳、長拳、十三勢、軟手等。

【成分】陰、陽。

【性狀】拳無定式，百人百拳，初練微苦，愈練愈甜。

【適應證】

體質羸弱，欲強身健體者；

疾病纏身，欲擺脫病痛者；

心浮氣躁，欲修身養性者；

未雨綢繆，欲防身自衛者；

熱愛傳統文化，欲悟天地萬物之理者。

【規格】8式、9式、18式、19式、24式……85式、108式等。

【用法用量】

健身量：每日一次，每次持續30～120分鐘。

練功量：每日一次或兩次，每次120分鐘以上。

技擊量：每日一次或兩次，每次240分鐘，單次連續練習時間不少於60分鐘。

【注意事項】

持續使用，不可隨意中止。

習練時避高溫、避風、避濕、避污染。

循序漸進，不可驟然加量。

嚴格遵循要領，避免損傷關節。

【老人服用】

架子不宜太低。

運動量不宜過大。

冬季尤其注意防寒保暖，做好膝蓋防護。

【不良反應】

初練者易亢奮，雖乏累卻心態愉悅，好分享，喜動員親朋好友同練，然收效甚微。

入門之後，愈練感覺愈好，欲罷不能，練習時間不自覺延長。

久練氣色好，顯年輕，與兒女同行，易被人誤認為兄弟姐妹。

身體強健，有推遲退休之風險。

不知醫院大門朝向何處。

心態平和，看淡功利，易被無知者恥笑沒有上進心。

奉太極陰陽之理為人處事，易被無知者諷為圓滑。

【使用過量】

本品宜根據個人體質酌情使用，適應後逐漸加量，過量使用可出現如下反應：

輕度過量，疲乏困倦，無有大礙。

中度過量，易導致關節受損，休息後可恢復。

重度過量或突然加量，易練傷，輕則兩三月不能練拳，重則此生與太極絕緣。

【有效期】終身有效。

1 誤區篇

你和丹田之間，隔著18個誤區

魔障，佛教用語，指修行人於修行中遇到的由惡魔所設的障礙。

之所以練不出內氣，是因為有許多魔障橫亙在你和丹田之間。這裡的魔障，主要是觀念認識上的誤區。魔障不除，觀念不易，丹田將始終是一潭死水。

「鬆鬆鬆」是碗迷魂湯， 練太極拳鬆不出丹田氣

「鬆鬆鬆，太極功」，這句話流傳甚廣，然而，把「鬆」當「葵花寶典」的練拳者，十有八九會產生一個困惑：把吃奶的勁兒都鬆掉了，丹田怎麼一點感覺都沒有呢？

1. 太極是什麼？陰、陽。陰不離陽，陽不離陰。陰陽並重，不偏不倚才是太極之道。鬆和緊，就是相依相偎的一對陰陽。練拳時只求鬆，不問緊，不是典型的陰陽失衡嗎？

2. 練內家拳要抻筋拔骨，就是把筋拉長，把周身的關節盤活拉開（開胯、開肩、開踝等）。

為什麼要盤活關節？因為關節就像一個個閥門，很容易「鏽死」。「鏽死」以後會堵塞氣血的通路，阻礙氣血的運行。

那怎麼打開關節呢？做兩個動作：扭轉、拉伸。

在扭轉、拉伸的過程中，肢體是緊還是鬆呢？類似的現象還有很多。

鬆緊帶褲子：新褲子的褲腰會比較緊，穿久了，就會慢慢變鬆。因為我們在不停地抻拉——穿褲子時要用手抻拽，吃飽飯肚皮在撐拉。一張一弛、鬆緊相間！

氣球：未充氣的氣球是不是鬆的？是！充滿氣再放完，氣球是不是鬆的？是！未充氣與充氣後再放空，哪個

更鬆？緊過之後的鬆，才是真正的鬆！

3. 如果真按常人理解的鬆去練拳，拳友們就太輕鬆了：我們不必半蹲，因為蹲下去，腿是緊的。我們不必抬手，因為抬起手，臂是緊的。我們甚至不用站著打拳，因為腿腳是緊的。最理想的練拳方式，是四仰八叉躺在床上。

4. 有人會說：我們說的鬆，是緊中求鬆。緊中求鬆，聽上去很美。關鍵問題是：怎麼練？

這種哲學味十足的觀點不能算錯，但我們不是得道高僧，為了練太極，先要剃光腦袋跑到寺院悟上幾十年嗎？這代價不是誰都擔得起的。

5. 大師們練拳，大鬆大柔，怎麼解釋？這是結果。

6. 緊，有利於拉開筋骨，盤活關節。緊，可以明確感知，有跡可循，有度可依。緊，可以保護膝蓋，避免傷病。

7. **結語**：情至深處意自濃，功到九層重若輕。千錘百煉柔繞指，緊到極致自然鬆。

練太極拳一定要站樁嗎

在許多人眼中，站樁似乎是練太極拳的標配。

可是有一個事實卻被大家所忽略：樁功嫁接到太極拳中，也不過就幾十年的光景。太極拳誕生的頭幾百年，一直沒有樁功，甚至沒有什麼基本功。想求證的，可以去陳家溝，和老輩人聊聊天，是真是假一問便知。

有人會說，你說的是陳氏拳，其他拳呢？老六不知道，反正各大門派的創始人跟陳家學拳的時候，肯定是沒有的。

站樁被引入太極拳訓練體系，作為一種輔助功法不能說是壞事，但是，過猶不及。無限誇大它的功效，甚至宣稱百練不如一站，就有點喧賓奪主、言過其實了。

反駁這一謬論，只需一問：哪位太極拳大師，是站樁站出來的？如果簡單站站就能站出太極功夫，那太極拳又如何會誕生並流傳開來，成為普及程度最高的一項運動呢？站樁和太極拳究竟有什麼異同呢？不妨讓我們比較一下。

練氣的效果

太極和站樁都屬於內功，目標都是練出真氣。在這一點上，站樁略佔優勢。因為，人在靜止的時候氣最為活躍。所以，站上幾天，手上就可能會出現麻、脹等感覺。而練太極拳，氣感來得相對慢一些。

這一局，站樁以微弱優勢獲勝。

學習的難易

學習太極拳和站樁，哪個更容易？當然是站樁較容易些。如果非要說站樁比太極拳更難，那應該是練起來更難受、更難堅持。

在學習的難易程度上，站樁勝。

開胯開肩

練內家拳要抻筋拔骨，把周身的關節盤活拉開。這就需要抻拔、扭轉等特定動作完成——而這正是太極拳的修煉方法。

站樁有這樣的功效嗎？不能否認，靜態拉伸也有點效果，但這算不算捨近求遠呢？就好比從南京到北京，太極拳是向北走，而站樁是出門向南。

向南走也不是不行，畢竟地球是圓的，越太平洋、大洋洲、南極洲、大西洋、美洲、北冰洋，最後在俄羅斯登陸，也能到北京。

關鍵是，遇到「鯊魚」和「北極熊」怎麼辦？

這一局，站樁敗。

丹田內轉

太極拳以外形引動內氣，以內氣催動外形，透過肢體的動作，不但能將氣聚到丹田，而且能引動丹田內轉，站樁會有這樣的效果嗎？

如果只求養生，丹田動與不動差距還不算太大。如果是想練功夫，求技擊，丹田動與不動可是天差地別。

這一局，站樁敗。

激發興趣

愛因斯坦說過，興趣是最好的老師。人類是快感取向的物種。每個人都是瓜子俠！什麼意思呢？

許多人喜歡嗑瓜子，因為嗑瓜子可以產生即時的快感，簡單、直接，嗑一粒，馬上就能吃到一粒，口舌生香，所以許多人樂此不疲。

但如果把吃瓜子的時間延後，拖長，要嗑好久才允許你吃到，哪怕可以吃一大把，大家也會感覺不爽。前面漫長嗑瓜子的過程，就成了繁瑣而乏味的工作，就會引發許多抱怨，甚至產生痛苦。

正是這個迅速直線的快感取向，使許多人明知道詩和遠方很美，也常常會半途而廢。練拳和站樁哪個更令人感覺乏味，更不容易堅持呢？我們不妨看看甲乙兩人的日記：

第1日

甲：今天我開始學太極拳了，學了起式。

乙：今天我開始學太極拳了，學了站樁。

第2日

甲：今天我又學了一式──金剛搗碓。

乙：今天我又學了站樁。

第3日

甲：今天我又學了一式——六封四閉。

乙：今天我又複習了站樁。

第4日

甲：今天我又學了新的一式——單鞭。

乙：今天我繼續站樁。

⋯⋯

第30日

甲 ：今天給幾個朋友表演了太極拳，他們都給我點讚！

乙：今天我給朋友們表演了站樁，他們說看不懂！

五輪比較結束，我們不難看出：站樁有效，但在太極拳體系中，當當配角還行，讓其當主帥統領三軍，它的能力還遠遠不夠。

最後再囉唆幾句：

樁功也分三六九等，市面流行的樁功多屬於粗放型、拼體能的功法，有效果，但效率太低。真正的秘傳樁功，根本不用站幾十分鐘幾小時，每次三五分鐘足矣，而治療特定疾病卻是非常有效，這樣的樁才值得大站特站。

站樁站出的中定、下盤穩固能不能運用到太極拳當中呢？不好說，因為有一個鴻溝無法逾越：樁是死的，拳是活的。

站樁之所以流行，有輿論引導的因素，同時也是太極拳市場化的結果——大家都認為應該有樁功，那順應民意，增加一個教學項目，何樂而不為呢？

樁，就在那裡，站與不站，隨你。

研究穴位，能練好太極拳嗎

許多練拳者喜歡鑽研穴位，一些人教拳更是口不離穴，那麼，研究穴位對於練拳有沒有好處呢？

弊大於利！對初學者而言，更是飲鴆止渴（約定俗成、易於識別、偶爾提及某個穴位不在此列）。

首先，穴位不易識別。人體的穴位一共有多少個？有人說有一千多個，百度百科上說有720個，《針灸逢源》中明確列出361個經穴。如果全部在人體上標出來，有密集恐懼症的人，雞皮疙瘩恐怕會掉一地！

穴位這麼密集，再加上每個人的體型不一樣，非專業人士，想精準地對穴位進行定位，難度和棉花堆裡找白頭髮差不多！而且，穴位找得對不對，沒有一個具體可衡量的標準，就算按壓時有麻、酸、痛的感覺，也不代表這一定是個穴位，就算是個穴位，也不一定就是你要找的，就算是你要找的，還有下一關等著你……

講穴位的人往往有一個特點：很少孤立地講一個穴位，開口就是一組。比如：百會與會陰相對，肩井與湧泉相對。甚至還有更變態的：意念祖竅穴與金門穴相合；意貫掌中，經內關穴開四縫穴，使兩臂氣衝內勞宮入骨……

相對、相合、開、衝……這些概念對錯、分寸如何把握？

其實，練拳找穴位，這種做法本身就犯了一個方向性的錯誤。為啥？太極是中國傳統文化的產物，而中國

傳統文化的突出特點是模糊（參考《丹田不轉，太極白練》）。所以，想在「模糊」這個大染坊里弄出「精確的白布」，可能性小於0.00000001%。

穴位有其特定用途，但對於太極拳來說，如同雞肋。就連最講穴位、用穴位最多的中醫，治病也是從宏觀入手，講八綱辨證，透過對陰陽、表裡、虛實、寒熱四個方面的研判，確定疾病的性質與嚴重程度，而不是一上來就說你的百會穴昨天晚上受涼了，趕緊找個狗皮帽子捂捂。就算對穴位最拿手的針灸、艾灸、火灸、推拿的技師們，也是從藏象、經絡學說等基礎理論學起，而不是一開始就在病患身上掐來按去找穴位。

死磕穴位，於練拳無益，甚至有害，而不講穴位，練太極拳卻不會有任何障礙。舉個例子，中醫養生和太極都講「虛湧泉，懸百會」，不懂穴位的人可能莫名其妙，要是換個說法「腳心空，頭頂向上微微領起」呢？懂不懂穴位的人都可以理解，都能做到，何樂而不為？

其實，初學太極者（包括未入門者），不光不能找穴位，對細節都不可太關注，如眼神、呼吸，手指勁路、虛實變化，腰襠胯的鬆、活、扣、合等。迷戀這些細節，會失去對整體、宏觀的把握，一葉障目，在歧路上越走越遠而不自知。

最後要說的是，到底有沒有人練到能把各個穴位如北斗七星般準確對應，精準控制意、氣、勁在每個穴位出入的境界？老六不敢妄下斷言，但有一點可以肯定，就是真有這樣的方法，他能用，你未必就能用。

沉肩墜肘，害人難入太極門

如果用一句話概括太極拳入門的方法，老六認為應該是「以外形引動內氣」。

外形，按慣常的理解，指的是周身上下。但你要是真的把注意力平均分佈於全身，那你就上當了。

初學太極拳，應該把99%的注意力放在四肢上。為什麼？

太極拳的習練有一個規律，那就是從大圈到小圈，再到無圈。

所謂大圈，主要指的是四肢的動作幅度大。

唯有四肢，尤其是梢節圈畫得大，才容易引動內氣。當然，直接練小圈也能入門，只是時間要拉得很長。有多長？短則數年，長則一生。

下肢的動作在其他文章中已經有詳細描述，本文重點談談上肢。

上肢是丹田內轉的主要動力，丹田能不能轉起來，形態如何，主要看手臂動作。

上肢的要領是沉肩墜肘。什麼是沉肩墜肘？

字面意思就是不要聳肩，這樣理解沒錯，但在實際操練中，容易出現肩一動不動，機械生硬。而對墜肘的理解，許多人更是望文生義，認為把肘放得低一些就叫墜肘。丹田有氣感而轉不起來，根源就在於對沉肩墜肘的錯誤解讀上。

沉肩墜肘，主要是意沉而不是形沉。沉肩是什麼感覺呢？

現在，請你起身站立。深吸一口氣，然後緩慢呼出，全部呼完，一口不剩，在這個過程中，體會肩膀下沉的感覺。在練拳的過程中，只要有這種感覺，肩的形態就是正確的。

肩要沉，但不能死，必須鬆和活。墜肘呢，同樣的道理。在絕大多數情況下，只要把握肘低於肩的原則（哪怕只低1公釐），肘抬多高都不算過分。

有人說，為了保險一點，始終把肘放得低一些豈不是更好？

肘過低，有兩個弊端：

第一，手臂鬆有餘而緊不足；

第二，肘不抬，上肢畫的圈太小，不易引動丹田內轉。

太極拳難練，很重要的一個原因就是沒有標準，造成許多人錯誤理解動作要領，始終不得其門而入。

在此，老六再重申一個總的原則：初練太極，莫盲目求鬆，周身上下，一定要鬆緊相間，張弛有度。

內三合，外三合，
小心「合」到溝裡去

朱砂、砒霜可入藥，但其適用病症卻極其有限，濫用會出人命。

某些太極拳理論聽起來很有道理，卻不適合絕大多數人，不解其意而貿然應用，不但無益，反而會步入歧途。

「內三合、外三合」就是這樣的「毒理論」。

所謂「內三合」，說的是心與意合、意與氣合、氣與勁合，「外三合」是手與足合、肘與膝合、肩與胯合。

「六合」理論被許多人津津樂道，並進行花式解讀，輻射面和影響力頗大，但鮮為人知的是，「六合」並非太極拳的「原生」理論，而是從形意拳嫁接過來的。

最早提出「六合」的是1929年出版的《形意五行拳圖說》，書中寫道：「形意拳最重要之點在一合字，動作合則姿勢正而獲其益；動作不合則姿勢怪而氣力徒勞，不可不知也。所謂合者有六……」

為什麼說「六合」有「毒」呢？因為這一理論有缺陷：過於抽象含糊，沒有標準，不具備可操作性，極容易使人產生誤解。

以外三合為例，許多人認為，外三合就是垂直對應：肩與胯要在一條垂線上，肘與膝要在一條垂線上，手和腳要在一條垂線上，貌似合情合理──請注意，只是貌似而已，如果真要運用於拳架之中，你會發現，「理論」與

實際格格不入。無論你練的什麼拳，符合外三合要求的動作連5%都不會有，而且，這5%還是定式的時候才能「合」得住。

是套路錯了嗎？有可能，但所有的套路都不對，絕無可能。所以，有問題的就是這個理論。

至於內三合，更是虛無縹緲，合與不合，根本就沒有一個評價判定的標準，「合」上了是什麼感覺更是沒人能解釋清楚。

其實，在《形意五行拳圖說》一書中講的「合」，並不止於內三合和外三合——「蓋內三合之外，還須心與眼合、肝與筋合、脾與肉合、肺與身合、腎與骨合。外三合之外，尚須頭與手合、手與身合、身與步合也……左手與右足相合、左肘與右膝相合、左肩與右胯相合，右之與左亦然」。

不把你「合暈」，誓不甘休！作者究竟想表達什麼？

其實，剝繭抽絲，令人眼花撩亂的十幾種「合」，概括起來無非是周身協調統一，各部位相互呼應。

所謂合，只是結果，是評判拳架的一種說辭，是一種境界，根本不能拿來指導練拳！

那麼，究竟怎樣做才能合？那就是建立以丹田為核心的運動體系！只有在丹田統一指揮調度下，周身上下才能真正做到協調有序，實現真正的「合」。

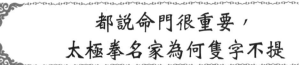

都說命門很重要，
太極拳名家為何隻字不提

經常有拳友詢問，練拳時命門應該是什麼狀態，要不要向後撐（後凸、後突）？回答這個問題之前，我們要先搞清楚命門的概念。

「命門，不就是後腰上與肚臍對照的位置嗎？」等等，且慢下結論！中醫典籍中，可不是這麼說的。

《黃帝內經》說：「命門，目也——眼睛。」

《扁鵲八十一難經》中說：「腎有兩臟也，其左為腎，右為命門。」

《類經附翼》說：「命門總主乎兩腎，而兩腎皆屬於命門。」

《醫學實在易》中說：「凡稱之曰門皆指出入處而言也。況身形未生之初，父母交會之際，男子施由此門出，女子受由此門入。乃胎元既定，復由此門而生。……重之曰命門也。」

最奇葩的當屬《針灸甲乙經》，竟然有兩種說法：1.經穴名，即命門穴，位於督脈腰椎二、三棘突間。2.石門穴別名，屬任脈，位於臍下二寸。

這麼多命門，以哪個為準？不但命門的位置有爭議，後撐的說法竟然也是無根浮萍。有喜鑽研者曾經考證，陳鑫、楊澄甫、李雅軒、董英傑、陳微明、鄭曼青等太極名家的論述著作中均無命門後撐一說。

　　不但如此，郝少如的《武式太極拳》，陳正雷的《陳氏太極拳術》，姚繼祖的《武氏太極拳全書》，吳英華和馬岳梁的《正宗吳式太極拳》及孫劍雲的《孫式太極拳詮真》中均無「命門後撐」之說。太極理論家顧留馨曾接觸過各太極拳門派的代表人物，他在《太極拳術》一書中用了1800多字講述「腰」，也沒有提過命門後撐。

　　儘管上面只列舉了部分太極名家的言論著作，但已能窺探出太極拳界的主流觀點。大家對命門後撐隻字不提，足以說明這個說法根本算不上練太極拳的要領。

　　退一步說，假設真有曠世奇才發現了這個「驚天秘密」，憑藉命門後撐練出了太極神功，對99%的練拳者來說，沒有任何參考借鑒價值，旁門左道真的不適合大眾。

　　有一個流傳甚廣的故事：

　　一個小孩問一個老爺爺：您的鬍子這麼長，睡覺的時候是把它放在被子外還是放在被子裡？當天晚上，老爺爺就開始留意鬍子，結果發現無論是放在被子裡還是被子外，都很彆扭，從此，他患上了失眠症……

　　命門凹與凸，其實就是一個「鬍子問題」。

　　糾結於命門撐與不撐，除了徒增煩惱外，於練拳沒有任何意義，踏踏實實把太極拳的主要身法要領做到，命門是凹是凸，隨它去就好。

　　不謀萬世者，不足謀一時；不謀全局者，不足謀一域。練太極拳是一樣的道理，必須具備整體觀和大局觀，緊盯芝麻綠豆患得患失，就是典型的一葉障目，長此以往，只會離太極真諦越來越遠。

太極高手愛猜謎，腰隙究竟在哪裡

太極拳理論家大多喜歡出謎語——字你全認得，就是搞不懂是什麼意思。比如，「命意源頭在腰隙」。

有「詩」云：楚王好細腰，宮中多餓死。拳友好腰隙，猜謎鬱悶死。沒聽說過？那就對了，因為作者是老六……

這條「謎語」出自《十三勢歌》，作者是王宗岳。為什麼說是謎語呢？王先生本身就是一個謎，生卒年月不詳，生平事蹟難以考證。

謎面的七個字中，命、意、腰、隙四個字如霧裡看花。

在《現代漢語詞典》中，確有「命意」一詞，有兩個意思：一是確定主題（動詞），二是含意（名詞）。這兩種解釋，不管橫看還是豎看，與王宗岳說的「命意」都八竿子打不著。

把「命」和「意」拆開，還有幾十種解釋，但也沒有一條符合這一語境。

「腰隙」究竟是什麼，恐怕只有作者自己知道了。但是，勤奮的太極理論家們不但喜歡出謎，玩起猜謎遊戲也是不遑多讓。

關於腰隙，各種版本的解讀都有。

第一種：丹田說——腰隙就是丹田。

這種說法明顯有違常理。眾所周知，腰的位置在身體

兩側和後面，而丹田指的是以關元穴為中心的腹部區域。兩者明顯不是一個部位。再者說，丹田一詞自古就有，且人盡皆知。王宗岳先生放著現成的不用，再給丹田起個外號？

第二種：腰空說——「隙」者空隙，「間」者空間，都是空的，意思就是「命意源頭在腰空」，說明練太極需要空腰——這種解釋乍看有理，其實經不起推敲，聯繫上下語境，「腰隙」在這裡明顯是一個名詞，這種解釋有點牽強附會。

第三種：命門說——腰隙腰隙，腰椎當中的縫隙，指命門穴。這種說法似乎有些道理，但放著命門不說卻說腰隙，也不合常理。

腰隙究竟是哪裡？

看來難度不小於哥德巴赫猜想。

我們不妨一起來分析一下。

從字面上看，隙是小的縫，腰隙就是腰上有縫。那麼，是肉上有縫，還是骨頭上有縫呢？肉上有縫是瘡！腰隙應該是腰上骨頭之間的縫。這樣看來，與謎面比較吻合的就是骶髂關節了。骶骨與第五腰椎相連，是丹田勁力向上半身傳遞的第一門戶，位置極其重要，稱其是「命意源頭」並不為過。

這個謎底，是不是標準答案呢？不一定！

其實，知不知道這個謎底，對於能不能練好太極拳沒有多大關係。

練太極拳，知道腰胯襠肩膝手腳等基本概念就足夠

了，研究太多的細節，除了浪費腦細胞外，別無益處。

　　類似腰隙這種「火星語」，在太極拳論中有很多。對於這些莫名其妙的說法，掃一眼就好，千萬別去較勁。因為那可能是高人特別自我的感悟，也可能是後人傳抄時的筆誤。

　　研究這些似是而非、模棱兩可、不知所云的概念，進行主觀臆斷的解讀，不但於練拳無益，甚至可能會誤入歧途。

水蛇腰錯了嗎？未必

沒有人給「水蛇腰」下過定義，但大家看一眼這個詞就能心領神會。

主流觀點認為，「水蛇腰」是大忌。至於為什麼忌，理由太多了，不再一一列舉。但據此將「水蛇腰」一棍子打死，未免太武斷了些。

老六曾遇到過三個重度「水蛇腰」學員，其中一個講述了自己親身經歷的一件事：有一次他在公園練拳，一個保安在旁邊觀看，他將一套拳打完，保安豎起大拇指連聲稱讚：「您這蛇拳打得真好！」

雖然是「蛇拳」，卻一點都不耽誤練出丹田氣，經過兩次校正，這些「水蛇腰」學員丹田的感覺反而比同期的學員要強烈一些。這是為什麼呢？

練拳要抻筋拔骨——把筋拉長，把骨縫拉開。拉開之後，內氣才能貫通。周身上下，最難抻的筋，最難拔的骨，莫過於軀幹部位（所以大家才格外關注開胯）。而「水蛇腰」學員不停地扭動腰胯脊柱，對開胯和拉開脊椎有很大幫助。所以，初學太極拳，適當扭動腰肢，不但不算毛病，反而是一個捷徑。

當然，捷徑有好處亦有弊端，扭動腰肢練出的氣團在腹部偏上的位置，沒有完全做到氣沉丹田。如果不進行改進，會制約拳技的進一步提升。太極拳，沒有一成不變的練法，不可被某些成見捆綁住身體，禁錮住思維。

低架真的出功夫嗎

有拳友給老六推薦了一段「驚歎率」比較高的視訊。視訊中，一個拳師幾乎是臀部貼地在打拳，腿上功夫十分了得，標題也是奪人眼球——「看完這套太極拳，你還在那裡站著練太極拳嗎？」

在網上，能看到不少類似這樣「超低空飛行」的練拳者，那麼，這種臀部都快坐到地上的練法真的出功夫嗎？

從理論上講，把身體重心放低，對於鍛鍊腿部肌肉力量、抻筋拔骨確實效果會更明顯，但過猶不及，絕不是越低越好。

首先，超低架違背了一個重要的身法要求——圓襠，圓襠是什麼？兩腿像拱橋。要想保持拱橋的形態，襠一定要比膝蓋高。如果低於膝蓋，下半身就成了M形，襠還怎麼圓？

其次，過低的架子，不易做到屈膝和鬆胯。架子過低，很容易把腿繃直，尤其是在倒換重心的過程中，由於腳使勁蹬地，腿會像頂門槓一樣把胯頂得死死的。

最後，過低的架子，易傷膝關節。架子越低，膝關節承受的力就越大，而且在倒換重心的過程中，容易出現晃膝和擰膝，關節疼痛，甚至受傷的可能性急劇上升。

所以，練拳不可片面追求低架，尤其是初學者，更要量力而行。

虛靈頂勁，真是頭部的要領嗎

說到頭部的動作要領，多數人第一個想到的恐怕就是虛靈頂勁了。

有人可能感覺奇怪：老六，你寫錯了吧？應該是虛領頂勁吧？

的確，許多人用虛領頂勁指導練拳，而且總結出了形形色色的動作要求：「喉頭微後收，下頜稍收提，頭頂（百會穴）虛上領，使頸椎拔起鬆豎，有胸前鎖骨與脖後大椎連帶向後上移提的感覺……」

別說做到，想想都頭暈，在練拳的過程中如何始終將「胸前鎖骨與脖後大椎連帶向後上移提」？老六一直困惑不已。

這還不算太離譜。老六見過的最奇葩的解釋，居然是「脖子不要挨領子」！篡改前輩的心血也就罷了，誤導別人才是真正的罪人！

為什麼這麼說呢？虛領頂勁中的領是典型的鳩占鵲巢，靈才是正主。而虛靈頂勁，根本就不是動作要領。

楊澄甫前輩在《太極拳十要》中指出：「頂勁者，頭容正直，神貫於頂也。不可用力，用力則項強，氣血不能流通，須有虛靈自然之意。」

大師說得很清楚，任何外形上的強為都會違背虛靈的本義，所以「頂」只能「靈」不能「領」。

在《現代漢語詞典》裡，「空虛」一詞絕對沒有一絲

的褒義。如果我們把兩個字分開，一個給佛教，一個給道教⋯⋯你發現了什麼？

這兩個「消極頹廢」的字居然鹹魚翻身，成為佛道兩家核心思想的高度概括！它們所代表的是常人難以企及的思想智慧上的極致境界。

在太極拳中，鬆柔只是初級階段的要求，「虛」才是終極目標。太極拳中的虛，不但指形體上的虛，更指思想上的虛。那麼虛靈究竟是一種什麼樣的體驗呢？

有人這樣描述：「精化氣的階段，漸漸忘卻身體，非常安適妥帖，若存若亡，只有頭頂百會的位置，感覺如天窗開啟，有陽光透射，豁然開朗，無比清涼，一股清虛之氣降下遍佈全身。」

有的朋友可能會問：照你這麼說，練習太極拳對頭部就沒有要求了嗎？可以隨便動嗎？

非也！正確的做法是：頭不可亂晃，雙目望遠處地面，百會穴要始終在一個水平面內。總而言之，頭自然豎起，放鬆練功。

按常理，文章到這就該結束了，送一個彩蛋吧！

有個小秘訣，對於練功很有幫助，說出來非常簡單，卻是老六老師時常告誡，也是老六練拳多年體悟出來，認為接近虛靈頂勁的一個動作要求。

那就是這四個字：耳聽身後！

它的妙用只可意會，不可言傳。讀者朋友慢慢體會吧！

練推手，未必長功夫

如果想以打架為職業，比如打擂、當保鏢或者帶兵打仗（此處僅限古代），練練太極拳也是可以的。按照目前流行的觀點，以技擊為目的的訓練可分為三個階段：拳架、推手和散手，這三個階段是層層遞進的關係。

練好拳架，內功初成，就可以練習推手，推手技法熟練，就可以拋棄一切規則，赤膊上陣進行自由搏擊，即所謂的散手。

推手是太極拳的一種雙人徒手對抗練習方法，其作用概括起來有以下幾點。

第一，檢驗功力水準；

第二，找出拳架的問題；

第三，練習聽勁和化勁；

第四，模擬實戰，提高技擊水準。

印象當中，老六練習太極推手的次數屈指可數，尤其是近幾年，老六完全與推手絕緣。

既然推手這麼好，老六為什麼不練呢？

首先，老六練拳的目的，是為了健身養生。

其次，即使不練推手，也知道自己的功力差得遠，拳架的毛病一大堆，不需要由推手來檢驗。

最後，聽勁需要皮膚和神經的高度敏感，而敏感度的提高有賴於內氣疏通經絡，打通血脈。老六認為，彌補上述不足需透過練拳而不是推手來實現。

這是老六不練推手的主觀原因，客觀上，練習推手找不到合適的陪練。

有人會說：不就是找個人推磨盤一樣畫圈嗎？有什麼難的？

老六認為原因有三種：

第一，對練之人水準不如你，那你除了練練大腿的肌肉，外帶獲得一絲欺負「小白」的快感外，也不會有什麼收穫。

第二，對練之人水準相近，還是練肌肉，連快感都沒有了。

第三，對練之人水準比你高，那恭喜你！可是，人家願意天天陪你玩嗎？就算對方願意，你會不會過意不去？反正老六臉皮太薄，不想耽誤別人時間。

高手推手是什麼樣的？老六體驗過，雖然是手臂接觸，接觸點卻感覺不到力的存在，只能體會到一種泰山壓頂的氣勢，周身皆被控制，無力抗拒，無法擺脫。

除了老師，老六再沒遇到過不用一絲僵勁拙力的推手者，所以，對推手的興趣一日淡過一日，索性完全放棄。

一些高手也表示，功夫還得靠拳架，推手只是一種技法的訓練，對增進內功沒有太大幫助，在交流時用作「文比」還行，如果迷戀推手而荒廢拳架，可能終生與太極高層功夫絕緣。

所以，這個「手」，不「推」也罷。

欲練神功，必廢套路

　　如果評選太極拳的槽點，套路拔得頭籌應該沒有懸念。「套路是操，花架子，練不出功夫，只能用來表演……」這樣的言論比比皆是。

　　老六就覺得奇怪：練太極拳不練套路，練什麼？

　　椿功？貓步？馬步？單式？抓罈子？抖大杆？這些是太極拳嗎？太極拳高手的絕世武功是基本功練出來的嗎？「練拳不練功，到老一場空」，這句話深入人心。

　　如果是外家拳，這一說法還有些道理，放在內家拳，尤其是太極拳上，則完全是無稽之談。

　　老六聽陳小旺大師講，1984 年之前，陳氏太極拳是沒有基本功的。如果非要說有，那老架一路就是「基本功」。現在的陳氏太極拳基本功，是小旺大師在河南省體委（現體育局）工作時，應體委的要求創編的。

　　換句話說，歷代陳氏高手的功夫，都是從套路裡出來的。陳氏太極拳沒有基本功一說，那其他門派呢？至少最初的楊氏是沒有的。為什麼？因為楊露禪師從陳氏太極拳一代宗師陳長興。至於吳、武、孫、和等門派，老六不再一一列舉，有興趣的可以自行考證。

　　武術中套路的定義是成套的攻防動作，是實戰情境的模擬演練。太極拳也不例外，套路中的每招每式都有具體的攻防含義，不但傳統武術中的踢打摔拿一樣不缺，還進化出獨有的掤捋擠按採挒肘靠八門技法，看似柔緩綿軟，

實則暗藏殺機。關於招式的含義和用法，網上拆招視訊多如牛毛，老六就不囉唆了。

但是，如果你認為套路的作用僅限於此，你就太小看它了。從宏觀角度看，練太極拳就是練陰陽平衡，內外、上下、表裡、身心都要平衡。這種平衡不是靜態的，而是動態的、全方位的。

單一動作的練習，無論是站樁、單式、貓步等都只是練某一狀態的平衡，只有套路能在周身上下連綿不斷的運動變化中訓練整體、全方位的平衡。

從微觀層面上看，套路可以練出丹田氣，並且實現丹田內轉。

丹田內轉不單指某個方向的轉動，而是要把丹田練成一個萬向節，可以朝任何方向轉動。

單一動作的練習，對於練出丹田氣有所幫助，但是對於丹田內轉，則是力不從心。因為單一的動作只能讓丹田朝一個方向轉，只有套路中變化萬千的動作才能將丹田訓練成一個球體，隨心所欲地轉動，實現一氣貫通，在技擊上達到「周身無處不是手」的境界。

從這個意義上說，太極拳就是套路，套路就是太極拳。如果把套路和套路之外的所謂基本功做個對比，那麼套路就是太陽，基本功只是星辰。套路就是階梯，基本功只是扶手。套路就是西裝，基本功只是禮帽。套路就是正餐，基本功只是零食。

練練基本功，或許能錦上添花，但是只靠套路，照樣可以進入太極殿堂。

太極拳起式可以不練嗎？可以

太極拳在進化的過程中，不斷地被補充和完善，有的是合理的、有益的，有的純屬畫蛇添足。

比如，起式。

陳氏太極拳原本沒有起式，「雙手平舉然後下落」，這個動作是近代才添加的，據說是表演的需要。

陳氏拳沒有，其他門派呢？只要源自陳氏，一定是沒有的。

為什麼說起式是畫蛇添足呢？大家看起式是怎麼練的——重心平均分配在兩腳，雙手平舉平落。沒有順纏逆纏，虛實不分！典型的雙重！

王宗岳《太極拳論》中說得很清楚，「雙重是病」。起式不但有「病」，而且是「傳染病」，對下一式也造成了不良影響。

沒有起式，練金剛搗碓時，雙手是從身體兩側向左前方掤舉起來的，丹田走下弧向左上方旋轉很順暢。有了起式之後，許多人雙手沒有按至胯根，從腰部就開始掤舉，導致丹田無所適從。

有人可能會說，起式是可以分清虛實的，是你水準太差分不清楚。

此言不謬，老六相信，有人可以做到，比如孫祿堂。

有一次上海武術名家聚會，有人提議要孫祿堂大師表演一兩個絕技。

　　孫大師走到牆根，將一隻腳的外側和同側的肩緊貼在牆上，同時把外邊的另一隻腳抬起來，保持十幾秒鐘後，回到座位上。

　　在場的人都有些莫名其妙。於是孫大師要他們去試，結果沒有一個人能完成（你現在也可以試一下）。

　　孫祿堂大師解釋說，這個動作可以用來檢驗一個人能否在外形絲毫不變的情況下，由內功來改變自己的重心。

　　所以，高手練起式，是可以在外形不變的情況下改變重心，分清虛實的。問題是，能有幾個人達到孫祿堂大師的水準？

　　老六想說的是，雖然起式有問題，倒也無傷大雅，練與不練，依個人喜好而定。平日練功，完全可以捨棄，比賽、表演時加上即可。

　　但有一點要注意，練的時候，雙手一定要下按至胯根。

用意不用力，究竟有沒有道理

還記得多年前的一個陽光明媚的清晨，老六揮汗如雨，練拳正酣。

一位鶴髮童顏、仙風道骨的老者悠然而至，站在一旁默默觀看。老六將一套拳打完，老者搖頭輕歎：「可惜啊！可惜！」

「可惜什麼？」老六問道。

老者並未回答老六的疑問，而是語重心長地說：「年輕人，打太極，不能使勁，要用意，用意不用力……」

「用意不用力？用什麼意，不用什麼力？」老六還在發愣，老者已經悄悄走開，揮揮衣袖，不帶走一片雲彩。

日有所思，夜有所夢。

當天晚上，老六夢到自己參加了一場聲勢浩大、高手雲集的太極拳交流大會。不但陳、楊、吳、武、孫等太極拳主流門派宗師悉數到場，就連生平無記載，神龍首尾都不見的張三豐大師也大駕光臨。

老六興奮不已，盛世盛會，千載難逢啊！如孫悟空混進了蟠桃會，又像劉姥姥初入大觀園，老六東遊西逛，眼界大開。

不知不覺中來到了貴賓廳，遠遠看到前排椅子上端坐一位老者，只見他身穿一襲黑衣，頭戴氈帽，留著山羊鬍鬚，正在閉目養神。

在他旁邊，有一個留著八字鬍，氣宇不凡的中年人垂

手侍立。坐著的正是武氏太極宗師武禹襄。

老六趕忙上前深施一禮：武大師，晚輩有一事不明，冒昧叨擾，當今太極拳界，盛傳用意不用力，許多人說這是您的觀點？

武大師微啟雙目，用濃重的邯鄲口音說：「俺有說過嗎？」

老六說：您在《十三總勢說略》中講「始而意動、凡此皆是意」，在《十三勢行功歌》說「勢勢存心揆用意」「意氣君來」……

武大師睜大眼睛：對啊！這些是俺說的，沒錯！俺說了要用意，但俺沒說不用力啊！不要斷章取義——「始而意動」後面還有一句「既而勁動」呢！

見大師有惱怒之意，旁邊站著的中年人趕忙上前，把老六拉到一邊。老六忽然想起，這不是李亦畬嗎？他也是大師啊！於是跟隨他來到門口。

李大師說：「今日太極盛會，師父為首席貴賓，不要惹他不開心，有什麼問題問我吧。」

老六也不再客氣：「您在《五字訣》中說過用意不用力？」

李大師答：「我的原話是『全是用意，不是用勁』，而且，在這句話的前面，我還說過『彼有力，我亦有力，我力在先』！」

啊？老六瞠目結舌！

李大師也不再理會老六，回頭侍奉師父去了。

迷茫之際，老六忽然看見一幫人簇擁著一位大肚腩中

年人來到貴賓廳，不用看臉，光看陣勢和肚子就知是楊澄甫大師大駕光臨。老六依稀記得他在《太極拳體用全書》說「全身意在精神」，說的是不是用意不用力呢？於是，便上前一探究竟。

楊大師沒有一點架子，聽完老六的問題哈哈大笑：「用意沒錯啊！我說過全身意在精神不在氣，說過要放鬆，但沒有說過不用力啊……」

老六剛想再問，忽然有一位清瘦的老者拉拉老六的衣袖，用低沉的聲音說：「意者，吾心之意思也，心之所發謂之意。」老六回頭一看，居然是陳鑫大師。

老六趕緊施禮，正想問個究竟，陳鑫大師卻突然上演「川劇變臉」，瞬間變成了白天指點老六「用意不用力」的老者，老者笑眯眯地說：「先輩之意，盡遭曲解，不用力，如何行拳走架？哈哈哈……」

笑聲迴盪在整個大廳。老六只覺天旋地轉，日月無光，暈倒在當場！

睜開眼時，已是天光大亮——原來做了一個夢中夢！

躺在床上，回想起這麼多年學拳練拳的經歷，老六暗自慶幸：幸虧自己的諸位恩師從沒有說過用意不用力的「夢話」，才使自己沒有誤入歧途。想想那些搖來晃去，掤勁全無，沉浸在自己臆想的「意」中，數十年不得太極之門而入的拳友，不禁為他們惋惜！

熱身的4個誤區

　　熱身，是各種運動的前奏。對於太極拳來說，熱身有一定的特殊性，套用現代體育運動的熱身方式，不但效率低，有的還會對身體造成傷害。

誤區1：什麼情況下都要熱身

　　關於熱身，百度百科是這樣解釋的：熱身是指在運動之前，用短時間低強度的動作，增加身體的溫度，使體內的各種系統能逐漸適應較激烈的運動，從而減少運動傷害的發生。

　　那麼，問題來了：炎炎盛夏，不動都汗流浹背，全身關節鬆弛靈活，這時候還需要花上幾十分鐘時間熱身嗎？從家裡走或者跑到練拳場地，身體已經升溫，還需要再繼續加熱嗎？

誤區2：熱身時間越長越好

　　從熱身的定義中，我們可以提煉出兩個關鍵字：短時間、低強度。

　　可是許多人把熱身這杯開胃酒當成了正餐，項目之多、時間之長令人咋舌：站樁20分鐘、壓腿20分鐘、活動關節20分鐘，轉腰轉胯20分鐘，最後，練拳20分鐘——好比一部100分鐘的電影，片頭占了80分鐘，喧賓奪主，買櫝還珠，效率太低。

誤區3：熱身就是練功

太極拳界「重功輕拳」的現象普遍存在，許多人之所以熱身時間長、項目多，有一個重要原因，是他們認為套路是花架子，站樁、走貓步、打坐，甚至壓腿、抖大杆等才是秘而不宣的真傳，才能練出太極神功。

不可否認，有些功法對於太極拳有輔助作用，但作用極為有限，從古到今，沒有一個太極高手是透過各種「功」練出來的，「功」只能充當配角、副食，永遠不能當成正餐。

誤區4：熱身強度越大越好

有些人熱身時，不是緩慢輕柔地活動，而是採用現代體育運動的熱身方法，快速、大尺度、低身法劇烈運動，比如，蹦跳、快速深蹲、低身法旋踝轉膝、仆步壓腿等等。

正確的熱身方式，應該是一個漸進的過程，拉開關節、韌帶只能由輕到重，幅度由小到大，突然施以強烈刺激，不但起不到應有的效果，反而會造成傷害。

典型的傷身動作有以下兩個：

轉膝：

膝蓋結構特殊，只能朝前後方向運動，扭轉晃動是傷膝的「罪魁禍首」。

低身法壓腿：

大強度、快速拉扯肌腱，同樣會受傷。

那麼，在熱身的過程中，哪些方式效率高，哪些效率低呢？

評價效率高低有一個原則：符合太極拳運動規律，能做到以軀幹帶動四肢、丹田參與運動的方式，效率就高；不符合的就低。

深蹲、慢跑、快走、旋踝、轉膝、壓腿等效率就不高。轉腰、轉胯、太極拳單式等要好一些，但都不是效率最高的方式。那麼，什麼樣的熱身方法最好呢？那就是高架練拳！熱身方法千千萬，最好的方法是練拳！

太極拳原本就是輕柔緩慢的運動，天然符合熱身的要求，生搬現代體育的熱身方法，是捧著金飯碗要飯。

在正式打拳之前，架子高一些，隨意地打上一兩遍，熱身、練功一舉兩得，何樂而不為！

頭頂魚缸，能不能練好太極拳

老六曾看過一段視訊：一位女士頭頂魚缸練太極拳，拳如行雲流水，魚兒悠然自得，甚是和諧優美。

其實，頂魚缸不算稀奇，還有頭頂水晶球、礦泉水瓶練的，不僅有中國人這麼玩，也有國外友人樂此不疲，有興趣的自行百度。

看過這段視訊，大多數人腦海裡會閃現出這個詞——立身中正。乍看似乎有道理，頂物練拳，身板一定挺得很直，有利於保持立身中正。

但是，老六認為，這種練法，弊多利少。

首先，太極拳的立身中正，是以順遂自然為前提的。頂物練拳，身雖正直卻十分僵硬，如同機器人一般，失去了鬆活靈動之趣，有違太極之理。

第二，太極拳要求虛靈頂勁，重物壓頭，如何做到頂上虛靈呢？

第三，太極拳的許多動作身體必須傾斜，上半身並非始終垂直於地面，頂物練拳時，不得不將這些動作做變形處理。

第四，練拳時要意守丹田，兼顧整體，而頂物練拳，卻容易造成精神渙散。

所以，這種練拳方式，偶爾玩一次，自娛自樂，無可厚非。

如果把它當成一種練功的特殊方法，得不償失。

想練好拳，一定要學會做減法

有這樣一則阿拉伯寓言故事：有個農民養了一匹駱駝，這匹駱駝載重量堪比大貨車，從來沒有馱不動的時候。有一天，農民心血來潮，想測試一下駱駝到底能承重多少，於是不停地往駱駝身上放稻草，眼看一堆稻草就要放完，駱駝仍是屹立不倒。農民繼續加草，終於，當他放上最後一根稻草時，駱駝體力不支，轟然倒下。

這便是著名的諺語——「壓垮駱駝的最後一根稻草」。

許多人練拳多年，書籍沒少買、視訊沒少看、講座沒少聽、套路沒少練，就是拳藝不見長，丹田沒感覺。如果是這樣的情況，真應該反思一下：是不是背負「稻草」太多被壓住了？

最典型的「稻草」有三捆：理論、套路和身法要領。

第一捆稻草：理論

訂閱幾十個公眾號，買一大摞太極拳書籍、光碟，每天在網上如饑似渴地搜文章、聽講座、看視訊……刻苦程度堪比高三學子。可是，當重溫高考的煎熬歲月之後，你會發現，這些理論似乎也不是那麼靈光，看來看去，不但沒有心明眼亮，反而越看越糊塗，越練越迷茫。

問題出在哪裡？如果老六說是因為理論看得太多，造成大腦短路，你不一定服氣。所以，請你放下書本、手機、滑鼠和鍵盤，思考以下幾個問題以尋求答案：

1.你判斷理論對錯的標準是什麼？是清晰明確的硬指標，還是跟著感覺走，覺得符合自己的想像就行？

2.如果理論沒錯，這個理論是否具有普適性？適合大眾還是只適用於天賦異稟人士？

3.理論的可操作性如何？

4.理論適不適合自己當前的階段？判斷的依據又是什麼？

請注意，我們要的是這個思考的過程，答案是什麼並不重要。堅持幾個月，稻草究竟有沒有加多，相信你自己就能得出結論。

第二捆稻草：套路

最早的電視只有兩三個台，一周節目了然於胸，廣告都能背得下來，主持人哪裡長有雀斑都一清二楚。現在的電視幾百個頻道，每天拿著遙控器換了一遍又一遍，卻沒法靜下心來認真看一檔節目。

許多人學拳亦是如此，學完一路學二路，學完老架學新架，學完24式，學85式，學完單劍學雙劍，學完雙劍學扇子、單刀、雙刀、大刀、大杆……每天早上所有套路、器械來一遍，蜻蜓點水，淺嘗輒止。

結果如何呢？井挖了不少，沒有一口挖出水。不怕百樣通，就怕一樣精。

第三捆稻草：身法要領

立身中正、百會虛領、含胸拔背、沉肩墜肘、展臂

虛腋、命門後撐、鬆胯活腰、尾閭中正、五趾扣地、眼隨手動、肩與胯合、肘與膝合、腕與踝合、心與意合、意與氣合、氣與勁合、開吸合呼……許多人在練拳時，力求完美，每練一式都想把所有的身法要領全部做到（許多老師也是這麼要求的）。具有這樣思維的人忽略了三個重要的事實：

1. 人類雖然經過了幾百萬年的進化，卻沒有進化出一心多用的能力，在同一時間內，注意力只能放在一個點上（所謂的一心多用，無非是注意力在多個點上來回跳躍的速度比較快而已）。

2. 不同階段，對身法動作有不同的要求。

3. 有些所謂的身法要求，其實是練出來的結果。

所以，追求面面俱到，一蹴可幾，往往會顧此失彼，手忙腳亂，進步緩慢甚至毫無長進也就在情理之中。

現在，請你回頭看一下，自己身上背了多少「稻草」，有哪些純屬累贅？「稻草」到底背多少合適呢？人的能力各異，沒有標準答案。如果你認為自己能力一般，那就「少少益善」。理論儘量少看，越少越好。套路練一個就好，最多兩個。

練拳過程中，每一遍只專注於一個要領，把它練熟練精，養成習慣，然後再練下一個。

口袋裡有一把沙子，無關緊要，背一袋沙子就會步履維艱，千萬不要等到最後一根稻草把自己壓垮時再去後悔。

老師的保守，多是學生「培養」的

有這樣一個小故事：

一個戲班的學徒，是唱武生的，天天練翻跟頭，翻就翻吧，可是帽子沒帶子——不知道是特製帽子，還是為省錢買的便宜貨。總之，沒辦法繫牢，一翻跟頭帽子就掉。但奇怪的是，同樣的帽子，師父戴上，翻同樣的跟頭，帽子如同長在頭上一樣，紋絲不動！

小學徒百思不得其解，便問師父：為什麼我翻跟頭帽子會掉，您翻就不掉呢？師父手捻鬍鬚，笑眯眯地回答：練到了自然就不掉了！

轉眼中秋將至，小學徒去看望師父，師父不在家，小學徒與師母聊天，說出了自己的困惑，師母哈哈大笑：這還不簡單，翻跟頭時一咬牙，額頭青筋凸起，帽子不就撐緊了嘛！

這應該是一個杜撰的段子，但是，舊時的師父們大多保守倒是真的。保守，是有原因的。

首先，絕招絕活，非輕易得來，皆是辛苦付出、花費巨大代價學到悟出的，豈肯輕易傳人？

第二，有些行業，教會徒弟，餓死師父，不留一手絕活，飯都沒得吃。對於靠功夫吃飯的習武之人來說，江湖兇險，絕招亂傳，說不定怎麼死的都不知道。

所以，保守一點無可厚非。

但時過境遷，隨著冷兵器時代的終結，武術的實戰

價值煙消雲散。現代人習武多為健身、養生、娛樂，即便傾囊相授，也沒有幾個人願意吃苦受罪以求功夫上身。保守，除了顯得迂腐以外，沒有多少實際意義。

開明的拳師，早就明白了這個道理。尤其是以教拳為職業的拳師，巴不得教出徒弟為自己增光揚名，好開拓更大的市場，保守，不是自斷財路嗎？

當然，肯定有人不同意這個觀點，認為保守是一種「病」，很難治癒。曾經有一個拳友，不止一次跟老六說他的師父很保守，有絕招秘不示人。

老六聽了只能呵呵一笑：「師父練拳的視訊都上網了，還保什麼守？」

視訊上網就能證明不保守嗎？真正保守的拳師，練拳、教拳都是關起門來，不允許有外人在場的！更不用說錄視訊放在網上了（此處請自行腦補孫悟空三更天從後門溜到師父房間學藝的場景）。

也有人會說：網上的視訊是逗你玩，他關起門來練另一套。這種說法嚴重違反了常識。錄視訊，是為了將自己最差的一面展示出來嗎？智商低於80的人才會這麼幹！再者說，拳藝提高不易，要隱藏自己的真實水準，更不易！為了錄視訊專門花時間排練一段差勁的表演——心理得多變態才能做出這樣的事！

雖說絕大多數拳師不會保守，但事無絕對，如果你運氣實在太好，真的碰上了稀如熊貓的保守老師，也不要急著抱怨。

首先要做的，應該是慶幸，慶幸遇到一位身懷絕技的

高手。然後呢，再自我反省一下。歸納起來，遇到以下幾種學生，老師是會有所保留的。

不尊師者

對於老師，雖然不必「一日為師，終身為父」，但必要的禮節和規矩還是要遵守的，不守門規，不論尊卑，不懂禮數，舉止輕浮，妄自尊大，頂嘴爭辯等等這樣的學生，老師不待見極為正常。

不謙虛者

老師講一套，自己練一套，老師傳拳授課時亂接話插嘴，最愛說的三個字是「我知道」，缺乏「空杯」心態。

半信半疑者

今天覺得師父說得有道理，明天覺得師父練得不太對，後天認為網上的拳論比師父講得好。半信半疑除了給自己徒增煩惱，浪費時間外，別無益處。

懶惰者

三天打魚，兩天曬網；練拳一小時，閒聊兩小時……這樣的學生，老師就是願意傾囊相授，到頭來也是竹籃打水。

以上毛病，有則改之，無則加勉，相信你不但會遇到不保守的老師，而且在工作生活中也會順風順水。

2 丹田萌動、轉動篇

丹田萌動，首先要更新大腦的作業系統

手機巨頭諾基亞死守塞班系統，結果慘遭消費者摒棄。系統不更新，不升級，就運行不了最新的軟體。

想要練丹田氣，就要重裝大腦的作業系統，死守陳舊觀念，重複習慣動作，再練 10 年、20 年，依然困守繭房，毫無進展。

如果前文 18 個誤區沒有讓你醍醐灌頂，本章將再次重啟你的大腦。

丹田不轉，太極白練

達到什麼樣的標準算是會練太極拳？仁者見仁，智者見智。如果你問100個人，至少能得到99種答案。之所以對太極拳的認知會出現如此之大的分歧，是因為我們長期「受制」於傳統文化。

中國傳統文化最突出的特點是什麼呢？老六認為，如果用兩個字來概括，就是——模糊，我們不妨和西方文化做下對比。

烹飪飲食

中國：中國人做飯憑經驗，鹽一勺、醬油適量、味精少許……一勺有幾克？多少算適量？少許是多少？沒有標準答案。

吃飯的餐具很簡單，一雙筷子什麼都可以搞定：可夾，可叉，可撕扯，端起碗可以往嘴裡劃拉米飯、麵條。

西方：廚房像化學實驗室，天平、量杯一應俱全，哪種食材放多少都要精確到克、毫升。

吃飯的工具也比較複雜，刀、叉、勺分工明確，正規的西餐甚至有兩套刀叉勺。

樂　器

中國：樂器大多構造簡單，幾根弦、幾根木條、一段竹子甚至一個葫蘆就行，構造雖然不複雜，要擺弄起來就

不容易了。

以笛子為例，控制發聲需要手指，但人的手指並非標準件，長、短、粗、細、糙、嫩各不相同，同一根笛子，不同的人吹出的音色肯定不會一樣。

西方：相對而言，西方樂器構造較複雜，樂器上面有多個音階，7個音符各司其職。與中國笛子比較相似的樂器是黑管，眼兒是用按鍵控制的，完全避免了指頭直接按的不確定性。

醫　療

中國：以把脈為例，三根手指搭於手腕，要感受出浮、沉、遲、數、虛、實等幾十種脈象，其中的細微差異，不是看了幾十年病的老中醫，很難準確把握。

西醫就簡單多了，X光、CT、驗血、驗尿，與正常指標一對照，一目了然，剛出校門的衛校畢業生也能立刻做個大概的判斷。

藝　術

中國藝術講究寫意，西方藝術注重寫實。中國畫只求神似，不求形似，西方油畫則纖毫畢現，越像越好。

文　具

中國人發明了毛筆，寫字可粗、可細、可大、可小，運用之妙，存乎一心。

西方人注重精確，發明了羽毛筆、鉛筆、鋼筆，寫出

的字雖然藝術性差點，但方便實用。

　　例子不用再多舉，你只要認真揣摩，就會發現這一規律潛行於我們生活的方方面面。中國人浸淫在模糊文化裡，而西方人生活在精確文化中。

　　那麼，兩種文化孰優孰劣？老六認為，「模糊文化」與「精確文化」沒有優劣之分。

　　模糊是一種大智慧，需要去「參悟」，而精確是一種小聰明，一學就會。

　　在現實生活中，用到大智慧的時候少，需要小聰明的時候多。大智慧只屬於能力超常的人，小聰明則屬於智商正常的人。讓天分一般的人去掌握大智慧是愚蠢的，讓智商超過160的人掌握小聰明也是正常的。

　　那麼，這模糊文化跟學太極拳有什麼關係呢？太極拳是中國古老哲學文化、思想智慧的一種體現，在它身上，打著模糊的深深烙印。

　　如果你接觸過太極拳，聽到最多的兩個詞一定是「感覺」和「悟」。

　　「感覺」和「悟」都屬於心理層面的東西，看不見，摸不著，怎麼感覺？怎麼悟？

　　用培養絕世武林高手的教法去教天資平平的人，這就是許多人教不會、學不好太極拳的一個重要原因。

　　回到剛才的話題，達到什麼樣的標準算是入了太極之門？由老六對中國文化的一通胡亂分析，你是不是有答案了呢？有了才怪！

　　會練太極拳的標準，問100個拳師，可能有99個答

案。而所有的答案都不能令所有的人信服！這就是內家拳，這就是中國智慧的特徵：霧裡看花，似是而非。

一直以來，我們喜歡用這些詞彙去形容太極拳：行雲流水、悠緩流暢、鬆柔圓活、輕靈沉著、連綿不斷、動靜相間……用這些去衡量太極拳水準的高低，你是不是感覺很正常很恰當？

果真如此嗎？看過楊麗萍孔雀舞嗎？上述詞彙用來形容她的舞姿大家認為如何？——似乎也套得上，按這樣的標準，楊麗萍也稱得上是一位太極拳高手了！不僅是跳舞的，演雜技的、練瑜伽的，高手都能有這樣的效果。難道他們也是太極拳高手嗎？

中國文化的特點告訴我們，想用一個客觀的標準去評價太極拳，基本沒門！既然沒有標準，那我們也就不再尋找和設定標準了。標準可以沒有，標誌總得有吧？對，我們不找標準，就找標誌！

剛才列舉的一些詞語都是從外形上對太極拳的評判，這樣的評判顯然沒有直達本質。

太極拳是什麼拳？——外家拳還是內家拳？答：內家拳。那麼內家拳練什麼？答：練氣。

如果你同意以上兩個答案，我們可以得出這麼個結論：「得氣」是練太極拳入門的一個重要標誌。

肯定會有人在心裡嘀咕：你繞了這麼大個彎子，答案居然如此簡單？

我早知道了！可是，細想一下，其實這個結論是一句廢話，跟什麼都沒說一樣。

氣是什麼？用中醫理論解釋，是看不見的精微物質。就是因為看不見，給了人們無限的想像空間，許多「大師」更是抓住這一特點，談起內氣玄幻離奇、高深莫測、不著邊際，不如此不能顯得水準高、功夫深。不幸的是，許多學拳的人也是這樣認為的，身上有一點異常的感覺就往氣上靠。

那麼，丹田「得氣」到底是什麼感覺？

丹田「得氣」有以下兩重境界：

第一重：是靜的階段，即常說的氣沉丹田，這個境界練拳者本人能感覺到。

第二重：是動的階段，丹田氣可內轉，並在周身循環，這個不但自己知道，而且能讓別人摸到！

那麼，這丹田氣究竟有什麼樣的神奇功效，見下文分解。

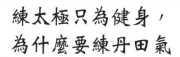

練太極只為健身，
為什麼要練丹田氣

　　有許多拳友認為丹田、氣是虛無縹緲的東西，半信半疑。還有許多拳友認為練太極拳活動一下筋骨，把身體鍛鍊好就行了，又不想練出什麼功夫，為什麼要追求高不可攀的丹田氣呢？

　　不講丹田想練好太極拳，好比想開動一輛沒有發動機的汽車。只有丹田產生氣感，內修外練同步進行，才能真正步入太極之門。所以，無論練太極拳的目的是什麼，丹田氣終究是繞不開的。

　　丹田有多重要呢？道士們的說法可能有點玄，醫生的看法應該比較客觀吧。神醫扁鵲是這樣說的：丹田是「性命之祖，生氣之源，五臟六腑之本，十二經脈之根，陰陽之會，呼吸之門，水火交會之鄉」。

　　不可否認，常規體育鍛鍊對健康有益，但其功效與丹田運轉比起來，是黑白電視與彩電、綠皮火車與高鐵、弓弩與機槍的本質區別。

　　為什麼？回答這個問題之前，我們要搞清楚什麼是「運動」。大家天天都在「運動」，但是，運動的真正含義許多人並不明白。

　　所謂運動，應該分開來解讀：運是運，動是動。

　　運，是身體內部臟腑經絡的動——氣運丹田、脾主運化……動力來源是氣。動，是肢體的動——動手動腳、動

身、動武⋯⋯動力來源是肌肉的收縮。

現代體育鍛鍊方式和無「氣」的太極拳，只是外在的動──活動一下手腳胳膊腿而已，而終年不見陽光的五臟六腑卻難得一「運」。不運的結果，就是臟腑、經絡逐漸生鏽、老化、瘀堵⋯⋯高血壓、糖尿病、冠心病等慢性疾病找上門來。

而丹田內轉的太極拳由特定的運動方式，將內氣聚於丹田，又由丹田調動內氣在周身循環，對五臟六腑進行「按摩」，不但有外在的「動」，而且有內在的「運」，內運外動，陰陽平衡，所以健身養生的效果才特別好。

有人會說，知道丹田氣功效非凡，但豈是凡夫俗子所能練出來的？沒錯，丹田是道士提出的概念，但是，丹田並不是道士們的專利，每個人都有。而所謂丹田氣，是內氣向丹田彙聚的結果，並不是丹田憑空變氣。中醫告訴我們：氣是維繫生命的最基本的物質，所以，只要是活人，內氣一定是有的。

練出丹田氣的兩個先決條件──丹田和氣都有了，我們要做的，就是透過太極拳這個特殊工具，調動內氣向丹田集聚，並在周身流轉。

透過太極拳練出丹田氣確有一定難度，但也沒有到高不可攀，常人無論如何也練不出來的地步，許多人透過太極拳治癒疑難雜症，其實就是丹田氣的功勞，只不過氣的流量較小，沒有明顯感覺而已。

許多事情，沒有想像中那麼難，之所以不成功，只是缺少信心和毅力。

內氣人人有，你為什麼練不到丹田

本文將採取剝繭抽絲的方式，探討如下問題：

氣究竟是什麼？氣為什麼會沉到丹田？丹田為什麼會運轉？為什麼站樁站不出丹田內轉，而太極拳可以？練拳、站樁為什麼要半蹲？太極拳的鬆，究竟要如何鬆？為什麼要練纏絲？

為什麼要練氣

首先我們要釐清一個概念：人體內的「氣」，究竟是什麼？

中醫及武術界把氣弄得很複雜：先天之炁（音同「氣」），後天之氣、元氣、宗氣、營氣、衛氣、真氣……不把人「氣」暈絕不甘休！

那麼，太極拳中的氣是哪一種呢？眾說紛紜，莫衷一是！

其實，是哪種氣並不重要。我們只需記住兩點：

第一，氣就是存在於人體內，卻看不見的精微物質（能量）。

如果你有中醫基礎，對這個概念一定不陌生。為了方便理解，不妨打個比方：有一個大家很熟悉的詞叫「電氣」。電和氣，似乎風馬牛不相及，卻為什麼會幸福地牽手？可能是發明這個詞的人發現，兩者有太多相同之處：都是能量，而且能量驚人，都客觀存在卻無實形，傳送速

率都很快⋯⋯

　　如果你能理解電的概念，卻實在不解「氣」，就把氣當成人體中的電好了。

　　我們需要明白的第二點：人人都有「氣」。

　　氣是維持生命的最基本物質，人人都有，如果沒有氣，人就「斷氣」了。

　　問題來了：既然人人都有氣，為什麼還要練氣？答案是：加大體內的氣流量（能量），對氣進行引導。人體內氣流大小是有差別的，大人和小孩、健康人和病人、青少年和老年人都不一樣。

　　為什麼不一樣呢？氣的來源有兩個，一是父母所授，二是從自然界的物質中攝取。即所謂的先天和後天。由於父母之氣大小有別，所以先天之氣就會拉開差距。後天之氣攝取的方式主要是吃飯和呼吸（為方便表述，只說吃飯），而每個人的攝取能力更是各不相同：

　　一是生長階段不同形成的差異。成人的「攝取設備」──胃和腸比兒童的容量大、馬力足，所以吸收得就多。小孩子的設備功率小，攝取得就少。

　　二是人的體質不同導致攝取差異。年輕力壯、體質好的人，消化器官可以最大限度地「榨取剩餘價值」。而年老體弱者，「設備」老化或帶病工作，吃進去的「原料」敷衍了事地加工一下，許多精華混在殘渣裡都排出去了。

　　所以，練氣的目的，就是由一定的手段，保養「設備」並提高攝取效率，增大體內的氣量。

　　氣量加大對人的健康好處多多，但是，無組織無紀

律的氣對抗「外敵」的能力較差，只有經過特定功法的練習，把散兵游勇訓練成高效有序的正規部隊，才能更好地驅逐外邪、維持自身陰陽平衡，很多疾病才能夠調理好。

練習需要藉助「工具」

弄清楚上面的幾個概念，我們切入正題：如何練丹田氣。

有人可能會問：為什麼要練丹田氣，卻不練腦袋氣、手氣和腳氣呢？

答案：因為丹田適合當氣的司令部。關於這個問題，太多的中醫、養生、武術理論都有論述，如果你還不太理解的話，別急，接著往下看。

大家最關心的，不是手氣壯不壯，腳氣癢不癢，而是如何練丹田氣，如何實現丹田內轉。經由前文的描述，大家會明白一個事實：丹田氣並不是丹田產生的氣，而是人體的氣在丹田聚集的結果。關於這一點，氣沉丹田這個詞就是最好的注腳。

如何讓氣聚集在丹田呢？回答這個問題，要用秘密武器，就像玩遊戲到最後一關，要打最厲害的怪物時，必須要有重量級兵器一樣。

什麼兵器？陰！陽！宇宙萬物皆太極。人自然不能例外。人是陰陽對立統一的整體：五臟為陰，六腑為陽；血為陰，氣為陽；胸腹為陰，背為陽；十二條經脈六陰六陽……陰陽對立，消長平衡，互相作用，轉化互生。

看到這裡，可能有朋友會說：老六，說好了要簡單，

怎麼扯開複雜的中醫概念了？陰陽的概念，是必須要瞭解的。只有腦子裡有了陰陽，接下來的內容才好理解。

在上面的分類中，有一對陰陽對太極拳是最有用的，是什麼？

答案——你猜！一邊猜，咱們順便瞭解一下你的身體，別看你用了它幾十年，有些小秘密，你還真不一定知道。

人體是一個精密的儀器，陰陽會自動進行平衡！舉幾個例子吧。

人受寒感冒，是外界的寒（陰）侵入體內的結果，這時候人體會有什麼反應呢？發燒（熱），由升溫（陽）來驅逐寒邪。

火鍋、辣椒吃多了容易上火（陽盛），這時候，大腦就會發出指令，讓你口乾咽燥，趕緊喝水（陰）。

小孩子為什麼貪睡而老年人睡眠少？動為陽，靜為陰。小孩子「陽」多好動，所以要多睡補補陰。老年人陰盛陽虧，所以不能再多睡增陰，早上四五點趕緊起來，遛彎、鍛鍊，補陽去。

例子還有很多，不再一一列舉。總而言之，人體調節陰陽平衡的能力遠遠超出我們的想像。

那人體是如何去實現陰陽平衡的呢？需要藉助一定的工具。工具有很多，但最主要、最簡便、見效最快的莫過於兩種：血和氣！

這兩種物質遍佈全身，而且可以自由流動，是平衡陰陽最快捷的介質，也是對練太極拳最為有用的一對陰陽。

　　血和氣這對好「夫妻」，在人體內運行有一個規律：血趨陽，氣趨陰。

　　1.人體在動的時候，血會活躍；人體在靜的時候，氣會活躍。

　　人體運動時，血液循環會加快，按現代運動理論的解釋，這是為了保證氧和養分的供應。

　　中醫卻是另一個角度：運動時人體偏陽，這時候，血就會活躍起來，以實現陰陽平衡。

　　人在安靜的時候，處於陰的狀態，血就會變得平穩，而氣就會活躍起來，所以，不管是站樁、打坐還是其他功法，都是靜靜地站或者坐，沒有人一邊爬山、打球，一邊練功。

　　2.如果人的不同部位陰陽不均衡，血和氣就會自動流竄，氣趨向於陰，血趨向於陽。

　　站樁和打坐，不管是下蹲還是盤腿，腿都會處於緊（陽）的狀態，所以會有更多的血（陰）流向下肢。而氣就會跑到比較放鬆的上半身，所以，手臂、丹田等部位會有氣感──發熱、發脹、發麻等等。

　　丹田位於腹部，這裡有足少陰腎經、足太陰脾經、足厥陰肝經、任脈四條經脈穿行，四者皆為陰，只有一條陽經（足陽明胃經）通過，周身至陰之處，莫過於此（不信？摸摸肚皮，看它是不是涼的，尤其是夏天），所以，這是氣最喜歡光顧的地方。

　　為了方便大家理解，來一個類比吧：假設人體是一個沙漏。沙漏裡的沙子是「血」，空氣就是「氣」。當我們

把沙漏平放時，沙子和氣就會處於一種相對平穩的狀態。當翻轉沙漏時，平衡被打破，沙子就會流向下面，而氣就會跑到上面。

看到這裡，你是不是已經明白太極拳練氣的原理了？對！太極拳練氣，就是對這個規律的運用：

首先，動作要緩慢，營造「陰」的氛圍，讓氣活躍起來。

其次，要屈膝下蹲，讓血下行，氣上行。

最後，要把骨盆端穩，把「氣」接住。膝蓋固定，骨盆端平，讓丹田部位保持穩定，氣才會在這裡聚集。

只要做到了以上三點，堅持一段時間，90%的人會有氣感。

練氣的核心方法

明白了氣血的運行規律，是不是就夠了？不夠！有個麻煩還沒解決。

那就是，氣非常活潑頑皮，喜歡四處亂竄，哪涼快（陰）哪待著。雖然丹田是至陰之處，但仍然不能完全固攝住氣，其他部位只要陰一點，氣就馬上去報到！

在練太極拳的過程中，什麼樣的狀態是陰呢？從前文的論述中，我們可以知道，鬆是最主要的陰。所以，哪個部位鬆，氣就會往哪兒竄。腿鬆則入腿，臂鬆則竄臂！

還記得老六不厭其煩、一遍又一遍重複的要領嗎？膝蓋要撐，腿上要纏，提腿勿高，落腳要快，後背要弓，手臂要掤……

這些要求，其實就是在做一件事：讓這些部位都緊起來，把氣趕到丹田！

想更直觀地感受一下嗎？找一個條狀的氣球，把它吹起來。假設氣球的中部是丹田，兩頭是四肢，現在請你思考一下，怎麼樣把氣都聚到丹田？——手握兩端，抓、握、捏、擠……把你能想到的辦法都用上。

大部分氣會跑到哪裡？中部！理是這個理，但練拳時，總不能讓別人抓、握、捏、擠我們的四肢吧！這不科學啊！活人能讓某些液體憋死嗎？辦法嘛，拳架裡都有！蹲下去腿自然就緊了。關鍵是手臂，怎麼做才會最緊？方法能想到很多種。只有一種是最高效的：擰轉！

擰轉是什麼概念？想想洗臉洗澡時，毛巾上的水是怎麼弄出來的吧（圖1）。雙臂擰轉，把氣「擠壓」到丹田！在太極拳中，這種擰叫「纏絲」。所以，陳鑫前輩說：「太極拳，纏法也！」

圖 1

丹田為什麼會動

到這裡，對氣是如何聚到丹田的，是不是已經明白了八九分呢？還沒明白？拐回去再看一遍。明白的，接著往下看。

氣聚丹田，如何會動起來，轉起來呢？剛才的氣球沒扔吧？拿出來，繼續擤！不過，換一種玩法：

第一步，雙手擤緊——氣從兩頭聚到中部。

第二步：鬆左手——部分氣從中部回到左邊。

第三步：左緊右鬆，同時進行——氣從左到中部，又跑到右邊一部分。

如此循環，交替進行。你發現了什麼？氣來來回回，進進出出，氣球中部一會鼓起來，一會凹下去，是不是在動？

現在明白了嗎？不明白？繼續擤！

四肢在鬆緊相間、循環往復的畫圓運動過程中，推動引導氣在丹田裡出入，從而引動了丹田內轉！

當然，擤氣球只是一種抽象概括的示意，為的是讓大家明白原理。實際情況比擤氣球要複雜一些。

在旋擤肢體的過程中，不但會推動氣血運行，而且對經絡、筋肉進行刺激和按摩，改善了微循環，人體內氣的流量會越來越大，出入丹田的氣會越來越多，轉動也會越來越明顯。

丹田內轉究竟是什麼感覺

　　由於每個人的主觀感受及表達能力不同，對丹田內轉的描述沒有一個標準答案，現把老六及拳友們的感受匯總一下，供大家參考。

　　首先明確一點：丹田內轉是一種真實的體驗。

　　真實有三層含義：

　　1. 這種體驗是練拳者在意識清醒的狀態下能夠明確感受到的，不是由想像和意念引導出來的虛幻感覺。

　　2. 丹田內轉受本人指揮和控制，在高級階段，轉動時機、快慢和方向可隨心所欲。

　　3. 丹田內轉強烈時從外形上可以看出來，用手可以觸摸到。

　　其次，丹田內轉是一個從弱到強，從斷斷續續到連綿不斷的過程。

　　剛開始，練習某些動作時會感覺丹田微動。隨著功力的增長，動感越來越強烈，丹田會慢慢開始轉動，但在拳架轉關之處，會難以接續，出現所謂的斷勁。繼續加強練習，如果動作正確，轉關自然圓潤，則內轉連綿不斷，貫穿整個套路。

　　那麼，對於練拳者本人來說，氣沉丹田和丹田內轉究竟是什麼感受呢？

1. 初有感時，腹部發熱、發脹、發硬或下墜，有的拳友形容「如濁氣在腹中憋脹」，呼不出來，又排不出去。

2. 丹田核心部位隨動作微動。

3. 腹部有湧動、蕩漾的感覺，如同一個裝了水的小氣球（有時會變形）在肚子裡滾動。

4. 整個腹部隨動作劇烈翻滾，有波濤洶湧的感覺。

5. 腹部發沉，下墜，甚至在日常生活中行走坐臥都會有這種感覺。

當然，可能有人會有不同的體驗，但有一點永遠不會變：丹田與四肢動作聯動。按陳家溝的說法，叫「用肚子打拳」。

練丹田氣，為什麼不能直奔丹田

有拳友可能會有疑問：本書核心在丹田，但為何講丹田氣的文章卻是寥寥無幾？

與此形成鮮明對比的是，隨便百度一下，就能找到一堆練丹田氣的方法：比如呼吸法、揉肚法、幻想法、念咒法（只為表述方便，非標準名稱）等等，這些方法雖然形式不同，但有一個共同的特點：開門見山，直奔丹田。

放著金光大道不走，老六為什麼要迂迴繞路打遊擊呢？

回答這個問題之前，我們先來回顧小學的一篇課文──《挑山工》。

這篇文章講述了泰山挑山工肩挑重物爬山的技巧。這個技巧並不複雜，就是走折尺形（Ｚ字形）的路線：從臺階的左側起步，斜行向上，登上七八級，到了臺階右側，就轉過身子，反方向斜行，到了左側再轉回來。

道理何在？和盤山公路類似，透過延長路程，使坡度變緩。

實際效果如何呢？據作者講，挑山工上山的速度遠遠超過直線拾級而上的遊客。

登山走折線，告訴我們一個違背「常識」的道理──「兩點」之間，直線最遠。明擺著的「捷徑」，恰恰是荊棘滿布的險途。

為什麼不直奔丹田練丹田氣？這其實是太極拳的高明

之處。

太極拳「以外形引動內氣」，用什麼外形引動內氣？當然是四肢的動作（軀幹參與得很少），透過四肢的擰轉（纏絲），在身體不同部位產生壓差，引氣在體內運行，聚於丹田。

這種練法至少有兩大優勢：

一是練功方法看得見，摸得著，可靠性高。

二是安全，用動作引導氣流運行，相較於純意念導氣，安全係數要高很多。

直奔丹田練丹田氣就不可行嗎？當然可行！但練功方法跟太極拳已經沒什麼關係，而且不確定性高，出偏的概率大。

還有拳友問：在「六月丹田轉」公眾號文章中，開胯也是重頭戲，這又是為什麼呢？

因為胯是人體的中樞，又是丹田的搖籃，胯不拉開，存儲丹田氣的空間就小，而且，丹田帶動周身運轉的第一站就是胯，所以盤活胯部就成為練拳的重中之重。

從舒服到彆扭，再從彆扭到舒服

練太極拳，要從舒服到彆扭，再從彆扭到舒服。為啥？人的成長過程，就是一個「墮落」的過程。

說到墮落，我們很容易聯想到人品，這裡說的墮落，跟人的品行沒關係，指的是身體機能的退化。

人剛生下來的時候，周身器官組織處於「滿血」狀態，為適應千變萬化的自然環境做好了充分的準備。但是，我們的頭腦進化異常迅猛，各種工具被我們發明出來。於是乎，人類一身的筋骨肌肉被徹底解放。

套用馮小剛電影《甲方乙方》裡一句經典的臺詞：既然張先生來了，就讓咱家的騾子呀馬啊那些個大牲口都歇了吧！──有工具替我們工作，我們還勞什麼動？

偷懶是人的天性，站著不如躺著，好吃不過餃子，當然，能躺著吃餃子就更美了。

現代人尤其是城市的白領，除了吃飯、說話、玩手機、看電腦、走路、上廁所要用到局部的肌肉韌帶外，其餘的肌群基本上處於休眠狀態。它們一休眠，心、肺等五臟六腑也跟著偷懶──不需要那麼多氣血的供應，那麼勤快幹嗎？

有朝一日，當身體不適時，才發現讓臟腑肌肉天天休假是一個錯誤的決定。

知錯就改──我們都是好同志，於是，我們通知器官都活動起來──練太極拳吧。

太極拳好啊，可以行氣活血，疏通經絡，還精補腦，讓男人永葆陽剛——不過這只是大腦的想法。

五臟六腑、筋骨肌肉可不這麼想，因為練太極拳要結束它們靜好的歲月。

初學太極拳，要經歷兩個不適階段。

第一個階段：磨鍊筋骨皮。

老子曰：「專氣至柔，能如嬰兒乎？」

我們練太極拳的目標，就是逆生長——讓身體回到嬰兒時期的狀態。所以，太極拳的訓練方式，就有點「變態」——不讓人「正常」活動：初學拳時，舉手投足、扭腰轉胯甚至眉開眼笑都是錯的！日常生活中的運動習慣統統要改。

以前從來不動的肌肉筋骨都要動起來，從各個角度進行扭轉、折疊、屈伸、繃緊，全身緊張、大汗淋漓、肌肉酸痛是常態，說舒服絕對是騙人的鬼話。

經過第一個階段的磨鍊後，筋骨漸漸適應，內氣逐漸產生，並在丹田推動下於周身循行。

這時候，就要進入第二個不適的階段——身體內部的不適，比如，頭暈、病灶部位疼痛加劇等等。

為什麼呢？由於長期缺乏運動和身體機能的自然衰退，經絡都會有不同程度的阻塞。氣流在疏通這些阻塞的部位時，就會破壞原先的不正常平衡，引發不適。

上述兩個階段，第一階段是所有習拳者都會經歷的，第二個卻不一定。

如果你練拳從來沒有什麼不適，是不是好事呢？

是……才怪！

一直很舒服，說明你練的根本就不是太極拳，你的身體在偷懶，許多動作根本不對或沒有做到位！

苦不苦，想想長征兩萬五。

初練太極拳的痛苦，比起長征差遠了。但苦盡之後來的「甘」，卻一點都不遜色。

當你經歷完兩個階段，就像紅軍爬完雪山、過完草地之後，你就會迎來「解放區藍藍的天」。

這個時候，你就進入了享受太極拳的階段——內氣充盈，流動於四肢百骸，所到之處，酸爽舒暢，陶醉其中，不願自拔，此時，你才會真正體會到什麼叫先苦後甜！

有朋友可能會問：短時間的，我咬咬牙能堅持，關鍵是要痛苦多久？

因人而異吧，第一個階段短則十天半月，長則兩三個月。第二個階段老六也沒有進行過準確的統計，就不信口開河了。

如果你經歷了痛苦，也沒有迎來「解放區的天」，就得好好反思一下，找找原因了。不然的話，這「草地」，怕是一輩子也走不出來。

太守規矩，練不好太極拳

看到這個標題，你一定會奇怪：沒有規矩，不成方圓，不按太極拳的規矩來，怎麼能練好太極拳？

的確，老六見過許多不按規矩練拳，到頭來摸不到太極門的。同時，也見過一些嚴守規矩，練了幾十年如竹籃打水的。

這是怎麼回事？先來說說什麼是規矩。

規——圓規，畫圓的工具。

矩——矩尺，畫直角或方形的工具。

有規有矩，畫圓畫方手到擒來。

太極拳難練，不是它沒有規矩，而是它的規矩是隱形的。

太極拳的動作標準，看似有明確的說法，其實沒有一個精準的尺度，如沉肩墜肘、含胸塌腰、屈膝鬆胯，沉到哪裡？墜到何處？含到幾分？塌下幾寸？屈曲幾度？放鬆幾許？一人一個理解，一人一種練法。

這叫人如何不頭大？頭大也得練！規矩是無形的，我們得想辦法把它找出來，刻在我們的腦海裡。怎麼找？不著急，慢慢來。

練拳時，每一個動作無非有三種狀態：到位、不足和過頭。

那怎麼理解呢？我們借血壓計示意一下（圖2）。

動作在80刻度線時為到位（低壓的中間值），在80

刻度線以下為不足，在80刻度線以上為過頭。

圖 2

問題來了：是「到位」好呢？還是「不足」和「過頭」好呢？

答案當然是到位好！好是好，遺憾的是，沒人能做到，就好像人的血壓會一直有波動一樣，低壓不可能永遠保持在80mmHg。

高手無非是動作誤差小一些，無限接近於80刻度線，毫釐不差，只能是想像。

下一個問題：如果硬要你在「不足」和「過頭」裡選一個，你選哪個？知道你在撓頭。

給個前提吧：太極拳的每個動作都是從無到有，從靜到動，量血壓都是從0開始加壓。

在這種條件下，你選「不足」還是「過頭」？

老六選「過頭」。

為什麼？雖然過了頭，但最起碼動作經過了「80」這個到位的狀態。而每次都不到「80」，練一輩子都不會知道什麼叫「到位」。

鑒於太極拳是週而復始的開合，所有的動作都在畫圈，為了方便表述和理解，我們把血壓計換成圓環。虛線圓環表示太極拳的隱形規矩，曲線表示練拳時的誤差狀態。曲線在虛線環內為不足，在虛線環外為過頭。這樣我們首先會想到三種極端的狀態，如圖3至圖5。

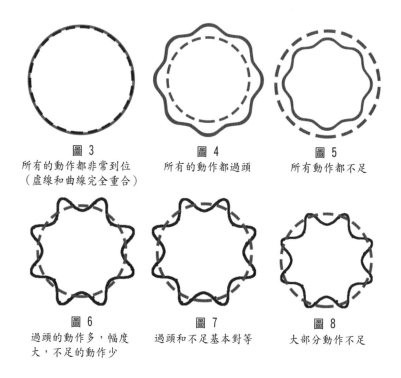

圖3
所有的動作都非常到位
（虛線和曲線完全重合）

圖4
所有的動作都過頭

圖5
所有動作都不足

圖6
過頭的動作多，幅度
大，不足的動作少

圖7
過頭和不足基本對等

圖8
大部分動作不足

在練拳的過程中，上述三種狀態出現的概率有多高呢？答案是0！

我們實際見到的狀態是這樣的，如圖6至圖8。

那麼，上述三種狀態哪個比較理想呢？答案：哪個都不理想！

第一種，過頭的動作多，幅度大，這種狀態嚴重背離了太極拳的運動規律，典型的表現為：身體重心劇烈起伏，肢體僵直用力，動作誇張變形。這樣的運動習慣一旦養成，很難回歸太極的規矩。

第二種，過頭和不足的動作數量差不多，它的弊端是

對「到位」的體驗不足，但比第一種要好一些。

第三種，大部分動作都處於不足的狀態，對「到位」嚴重缺乏體驗。具體表現是什麼呢？

舉例說明：有拳友見動作要領中有「立身中正」的要求，他的身體就時刻保持「僵屍」狀態，不敢有一絲一毫的彎曲和傾斜；看到「沉肩墜肘」，他的肩就一點不晃，肘的高度遠低於肩；老師講肩胯要相合，他的雙肩和雙胯時刻保持在一個平面上，似鐵板一塊，不敢有一絲扭曲。毛病是挑不出來，就是練不出丹田氣。

既然上述三種都不可靠，那什麼樣的狀態最適宜呢？

老六在練拳教拳的實踐中，認為有一種狀態比較理想，那就是適度過頭的動作多一些。什麼是適度？就是雖然動作過頭，但是在一定的限度以內，圖9就是適度過頭狀態。

初學拳者不要急著按規矩練拳，適當過頭的動作更有利於丹田氣感的產生。丹田一旦內轉，會進入自動校正拳架的狀態。這時，動作會逐漸向虛線環回歸。

有朋友會問：動作一步到位，直接與虛線環重疊，豈不是更好？

好是好，那只是一廂情願，沒有丹田的引領，無論你如何努力，動作依然會在不足和過頭之間來回波動。

圖9
動作適度過頭

那麼，這個適度過頭怎麼把握呢？最好由老師來指導。

但麻煩就出在這裡，丹田無感的老師根本不知道太極拳的「規矩」是何物。而會丹田內轉、功力高深的老師，大多會忘記自己初學拳時所走過的路，不自覺地用虛線環的高標準來要求學員。

冥頑不靈的學員無所謂，臉皮薄的就會畏首畏尾，縮手縮腳，回到虛線環之內的「安全地帶」再不出來。

不是我們的錯，但錯的結果卻由我們來承擔！明師難求！暫時求不來就求己吧！自己多思考多揣摩！

最後，給出一些參考意見。

膝：

一定要微微外撐，撐到什麼程度呢？有個檢驗方法，如果覺得膝蓋外撐的時候關節疼，那就是過頭了。

上半身：

可以適度地向左右晃動，扭轉。扭到什麼程度呢？扭不動的時候，就是過頭了，稍微回一下即可。

肩：

可以聳和晃，這個基本不會過頭，一般人的肩關節差不多都「鏽死」了，先活動開再說。

肘：

在大多數情況下，只要不高於肩，只管往上抬。

練拳不琢磨，琢磨不練拳

練太極拳，到底要不要琢磨？

答案是：有時要琢磨，有時不要琢磨。

再具體一點，就是不練拳時要多琢磨，練拳的過程中不要琢磨。

這是什麼道理？

不練拳時要多琢磨，無須過多解釋。咱們重點說說練拳的過程中為什麼不能琢磨。

我們在練拳時，由肢體的拉抻扭轉運動，引動、加速氣血流動，達到消除阻滯，打通經絡血脈之目的。這個過程好比河道中有淤泥雜物，我們透過打開上游水庫閘門放水沖洗的方式進行清淤。

在操作過程中，必須保持水流源源不斷，才能有效清除淤堵，完成任務。如果閘門頻繁開關，水流就會時斷時續，清理的效率可想而知。

喜歡琢磨的拳友在練拳的過程中，過分關注細節，追求完美，如果對某一個動作不滿意，就會停下來反覆比畫揣摩，直到合乎自己的要求才會接著練習下一個動作。

有人練拳多年，幾乎就沒有從頭到尾連續、完整地打過一遍拳。這種練練停停的做法，就像頻繁開關閘門，會造成體內的氣流時斷時續，很難形成合力突破阻礙，把內氣練到丹田。

有的拳友可能會說，不琢磨，動作練錯了怎麼辦？

我們要弄清楚「琢磨」的意思。

所謂琢磨，就是在動作熟練、基本正確的情況下，對細節進行精雕細刻和精益求精。這與初學太極想動作是兩個概念，一定要區分清楚。

有的朋友可能還有疑問：動作不精確，也會有內氣運行嗎？

會！我們要明白一個事實，無論你如何努力，動作的誤差始終存在，只要誤差不是太大，氣流就會逐漸加強。氣流強到一定程度，尤其是丹田有氣感，產生轉動時，會反過來對動作進行糾偏，形成一個良性循環。

所以，在動作路線、角度和方向基本正確的情況下，只管放心大膽地練，一口氣把套路練上三五遍。在閒暇的時候，再細細推敲動作細節——這就是效率最高的練拳方式。

如果說邊練拳邊琢磨是坐公車的話，練拳不琢磨就是坐計程車，誰先抵達目的地，一試便知。

丹田萌動訓練方法

老式的汽油發動機、柴油發動機，需要手動啓動，方法就是抓住搖把使勁搖轉。如果把丹田比作發動機的話，四肢就是搖把，四肢的動作正確，就可以啓動丹田，這就是所謂的「以外形引動內氣」。

丹田萌動，是內氣向丹田彙聚時，導致丹田部位出現的一系列反應。丹田萌動的跡象和表現主要有如下幾種：練拳中打嗝、放屁，小腹發緊、發脹、發熱、抽動，有球體滾動、水球（袋）滾動的感覺，還有腸鳴、排便增多等等。上述現象，都是氣聚丹田的過程中，擠壓胃、腸道和牽動腹肌所導致的。

七有七無──丹田氣修煉的核心秘訣

前文《內氣人人有，為什麼你練不到丹田》揭示了太極拳丹田內轉的核心原理，而陳鑫前輩一語道破太極拳習練的核心──太極拳，纏法也。

怎麼纏？說起來很簡單：就是肢體的擰轉，像擰毛巾一樣。如何纏才能纏得好，纏得妙，纏出丹田氣？要想回答這個問題，我們必須弄清纏絲的本質是什麼。

從表面上看，纏絲就是肌肉的旋擰和鬆緊運動。為什麼會產生旋擰和鬆緊的效果？

根本原因是每塊肌肉的運動次序不一樣。如果所有的肌肉同時同向運動，就不存在纏絲。正是因為運動的時間差才產生了纏絲的效果。

知道這個有什麼意義呢？

難道我們做一個手臂纏絲，還要想著斜方肌、三角肌、岡下肌先動，然後是肱二頭肌、肱三頭肌、肱橈肌再動，最後橈側腕長伸肌、橈側腕短伸肌、尺側腕伸肌、尺側腕屈肌動？

當然不用！如果是這樣小兒科的練法，你就太小看太極拳發明者的智慧了。

纏絲是肌肉的運動次序不同造成的。如果我們換個角度觀察，就會發現，肌肉運動分先後導致了關節的運動有時間差，或者說是關節之間產生了相對運動。如果我們提綱挈領，化繁為簡，不看肌肉只看關節，則整個運動過程

一目了然。

比如，手臂的纏絲是腕關節和肩關節的相對運動形成的。小腿的纏絲是因為踝關節和膝關節的相對運動形成的。就像擰毛巾一樣，左手右手各握一端，做反方向運動。

那麼，重點來了：關節的動作比較直觀，只要我們把握關節的運動規律，也就掌握了纏絲的核心。核心是什麼？有以下兩點。

一、關節要動起來

動起來？練拳時所有的關節都在動啊！動是動，此動非彼動。不懂太極拳規律的動，是無意識的動，是低效的動，盲目的動。我們要的是刻意的動、高效的動。需要滿足兩個要求：

一是自己能感覺到，當然，骨骼是沒有神經的，我們能感覺到的不是關節在動，而是肌肉在收縮發緊。

二是關節的運動範圍比平時要大，別人要能看得到。比如白鵝亮翅（有的門派稱為白鶴亮翅）打開雙臂時，雙肩要明顯有向上向後拉扯的感覺。摟膝（陳拳）時，雙肩要明顯向外撐並向下沉。

二、關節運動要分先後

還是以白鵝亮翅為例，打開雙臂時，肩先開，然後是肘開，最後是手開。摟膝時，肩先沉，然後是肘合，最後是手合。為什麼是肩—肘—手的順序而不是手—肩—肘的

順序呢？

後面有文章專門來解釋，這裡不展開討論，你只需要記住關節運動分先後，而且先根節後梢節就可以了（根節梢節論可查閱陳長興《太極拳十大要論》）。

只有遵循上面兩個原則，才能練出規範的纏絲，肢體才能協調，內氣才能貫通，丹田才能萌動或轉動。

為了便於記憶、理解和操作，我們把關節的刻意運動稱之為「有」。

有什麼？有形──可見。有感──本人能感覺關節附近肌肉發緊。

有人說，練太極拳不是要放鬆嗎？這樣刻意地求緊，符合拳理要求嗎？太極拳講陰陽平衡，不走極端，老六一味地強調緊，是不是也不符合太極之理呢？如果你現在還有這樣的疑問，兩個建議：

一是回過頭，重新看一遍《「鬆鬆鬆」是碗迷魂湯，練太極拳鬆不出丹田氣》；

二是繼續往下看，老六是不是只求緊不問鬆。

你現在是不是明白了練纏絲的方法和步驟了呢？明白歸明白，你照上面的方法練一下試試，是不感覺無從下手呢！周身上下那麼多關節，同時注意並按要求運動，難度非常大。

那怎麼辦？老六送你八個字：「提綱挈領，分步進行。」

首先，我們不需要把全身數百個關節全部照顧到，只需要把握住周身七大關節的「有」，就可以把握纏絲運動

的精髓。那是哪七大關節呢？腳（踝）、膝、胯、腰（能自由活動，與關節類似）、肩、肘、手（腕）。抓大放小，提綱挈領，以點帶面，做到七大關節的「有」，就抓住了纏絲的核心。

愛思考的拳友肯定會問，既然有「七有」，是不是就有「七無」呢？

對！宋代禪宗大師青原行思提出參禪的三重境界：

「參禪之初，與常人無異，看山是山，看水是水；

初悟，看山不是山，看水不是水；

徹悟，看山仍然是山，看水仍然是水。」

以此類推，我們練拳時的鬆和緊也分三個層次。

初練：

整個身體是鬆的狀態，注意，這種鬆是後天生活養成的慵懶的鬆，並不是太極拳要求的鬆，老六稱之為「假鬆」，因為鬆的背後，是關節「鏽死」，經絡淤堵。這種狀態恰如參禪之初——看山是山，看水是水。

練中：

按太極拳的要求開始練習後，周身上下肌肉筋骨進入繃緊狀態，全身僵硬難受。這個時候，完全與日常生活中的習慣背道而馳——看山不是山，看水不是水。

高級階段：

經過長時間的旋擰拉扯，關節鬆活，筋脈暢通，脫胎換骨。這時候，已經體會不到僵硬緊繃，進入一種高級的、美妙的鬆的階段——看山還是山，看水還是水，只不過，這時候的山水與之前看到的已不可同日而語。

當我們按「七有」的要求練上幾年，丹田氣感充足，內轉順暢。如果想繼續提高，就要進入「七無」的階段。

何謂「七無」？就是七大關節不能再「緊」，要「鬆」。

與「七有」相對應，「七無」也有兩個要求：無形——整個運動協調順遂，渾然天成；無感——感覺不到關節肌肉的緊繃狀態。

請注意，這裡說的無形無感，並不是肢體完全不用力，軟塌鬆懈，而是要保持掤勁不丟。

何謂掤勁不丟？去找個皮筋。兩手各拉一頭，把皮筋向兩側抻開。注意，使勁抻時，皮筋繃緊的狀態就是「七有」。

然後，我們把兩手慢慢收攏，此時，皮筋開始逐漸放鬆，在皮筋將要完全放鬆，開始下垂的那一剎那，就是「七無」的狀態。

和「七有」一樣，「七無」也需要刻意練習。因為「七有」是實現丹田聚氣轉動的核心，所以是本書的重點。「七無」是更高階的要求，這裡不展開講解。

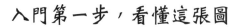

入門第一步，看懂這張圖

老六曾在陳家溝聽到這麼個故事，其實就是父親和兒子的一段對話。

父親：孩兒啊，練拳了，爹讓你三年成手（練成功夫）！

兒子在床上翻了個身：不練！

父親琢磨了幾天，又喊兒子：爹的教學方法改進了，三個月讓你成手！

兒子不想辜負老爸的一番苦心，欣然回答：不練！

這爹當得也真夠憋屈，但憋屈歸憋屈，指責兒子是沒有道理的，人各有志，我們要尊重每個人選擇的權利。

故事的真實性有待考證，但關於太極幾年能出門這個問題，老六曾請教過高手。他們說三個月或者十年都有點誇張，方法得當，努力刻苦，三五年成手可能性是很大的。

只要方法對路，太極拳並不難練。那什麼方法對路呢？

回答這個問題之前，先出一題：把大象裝冰箱裡，一共需要幾步？

這是小品《鐘點工》裡的一個經典橋段。如果對這個小品有印象，答案你肯定知道，分三步：第一步，把冰箱門打開；第二步，把大象放進去；第三步，把冰箱門帶上。

這道題跟學太極拳有什麼關係呢？做任何事情，都要先易後難，次序非常重要！這個道理誰不知道！

知道歸知道，會不會運用卻是另外一碼事。知道空氣動力學，不一定能造出飛機。知道蒸汽機工作原理，不一定能造出火車。知道液體汽化時要吸收周圍熱量，不一定能造出空調。

道理我們都懂，可是一到實際運用，大多數人會把它拋到太陽系外。

和學習其他技能一樣，太極拳也應從易到難，層層遞進。但在教拳學拳的過程中，許多人並沒有遵循這一規律。初學拳不分難易一鍋燴，鬍子眉毛一把抓，手眼身法步面面「俱到」，形神精氣意樣樣兼顧，到頭來暈頭轉向一場空。

當然，造成這樣的結果，不能全怪學員，老師應負主要責任——這話你聽聽就算了，千萬不要傳到老師耳朵裡。

其實，大多數人並非不明白先易後難的道理，他們只是沒有搞清楚什麼是難，什麼是易。

那麼，在太極拳中，什麼難，什麼易呢？

1. 有形易，無形難：

手、身法、步法有形，練起來相對容易。而神、氣、勁、意等無形，練起來難度大一些。

2. 有形的動作，也有難易之分。

以丹田為分界線，越向上越難，越向下越易，換種說法就是：下半身易，上半身難。

在這裡，衡量難易的標準不是費勁或輕鬆，而是動作是否容易達標。

下肢可以以地面為參照確定相對位置。腳尖朝向、步幅大小、腿分開及屈膝的角度方向都是明確具體的。

而上半身呢，基本上無規可依，含胸拔背、沉肩墜肘、展臂虛腋是否到位取決於老師的眼光和自己的感覺，對錯缺乏明確標準。

知道了上面兩個層次的難易，是不是就可以開練了呢？

且慢！還有！太極拳對動作的多維度要求也是有難有易的。

什麼意思呢？就是在練拳過程中，要按照陰陽變化出的開合、圓方、捲放、剛柔、靜動、輕沉、鬆緊、快慢、虛實等要求來做。

這麼多要求？看著都頭暈！更別說做到了。不要急，我們來捋一捋，實際情況並沒有這麼複雜。

老六認為，開合、圓方、捲放、靜動這些詞都是用來寫文章的，不用理會。要對下面幾個陰陽分分類，打打標籤。

剛柔——典型的拳藝境界的描述，非動作要領！

虛實——太抽象，難度高。

輕沉——相對容易理解，難度較高。

鬆緊、快慢——具體明確，相對容易。

其實還可以往下分：

緊——容易感知和把握。

鬆、快和慢——缺乏衡量的標準，難以衡量。

是不是看著有點懵？請看太極拳難易程度示意圖（圖10）：

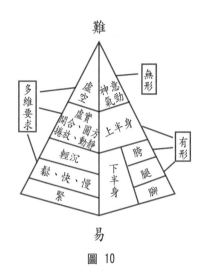

圖 10

這張圖如何運用呢？

舉個例子。我們就用這張圖來說明學太極應該如何入手（適用對象：初學、丹田無感者）。

第一步應該練什麼？

遵循從易到難的原則，我們直接看圖10的最下面：「緊、下半身」。這是什麼動作呢？站樁或蹲馬步。萬丈高樓平地起，地基不牢要倒塌。先務實，後務虛。站樁或蹲馬步是大多數武術的基本功，對於太極拳同樣適用。

但是，有兩個弊端：一是效率太低，二是對於太極內功的增長作用有限。

我們工作繁忙，壓力較大，耗不起時間。我們要走捷

徑！所以，鬆和緊要一起練——不要傻站，要動起來，打拳！不但要練下半身，上半身也要跟著比畫。

在練習的過程中，需要科學分配注意力：腿腳占70%，上半身占30%。眼神雖然也屬有形和可控，但並不屬於初學的要求，所以注意力分配為0。

在這個階段，應當使用清晰明確的指令，如左前方45度上步，腳掌貼緊地面，兩腳平行，膝蓋與腳尖方向一致……而不應該用鬆腰鬆胯、虛靈頂勁、泛臀斂臀、心與意合、意與氣合、氣與勁合、手心空、胸空、腳心空等等含糊的指令。

需要提醒拳友注意的是：

這種分類法是快速入門的捷徑，並非練好太極拳的唯一途徑。一些約定俗成的說法如虛腳、虛步不只適用於高級階段。這種分類法對於丹田無感者非常有價值，對已進入高級境界之練拳者價值不大。

開胯、練丹田氣、 治膝蓋疼16字詳解

開胯、練丹田氣有一把入門的金鑰匙，16個字：兩腳平行，膝蓋固定（外掤），骨盆端平，貫穿始終。

這16個字是老六多年練拳教拳實踐經驗的總結，參加過集訓班的拳友都有深切的感悟。

下面對這16字進行解讀。

兩腳平行

兩腳平行和膝蓋外掤的直接目的有兩個：一是為圓襠。二是為開後襠。只有圓襠和開襠，才能對丹田形成有效支撐，擴大丹田活動範圍。

圓襠是什麼樣的？像拱橋。

為什麼要開後襠？這個問題有點尷尬，小時候都穿過開襠褲吧，誰的開襠褲只開前襠？

玩笑歸玩笑，如果你注意觀察，會發現大多數人平常走路是外八字，前襠常開，而後襠不常開，所以陳氏小架拳才有「前開三尺，不如後開一線」之說。

那麼，雙腳到底擺成什麼樣才算平行呢？

一句話：不管哪個動作，兩腳尖朝同一個方向！

從理論上來說，這是最佳狀態，但在實際操作中，不可能100%做到。步幅小的時候沒問題，一旦步子開大，就很不容易做到。實在做不到的話，可以降低要求，把握

好以下五個原則。

1. 小步絕對平行。

2. 大步相對平行，以「不丁不八」為準，圖11為丁字腳，圖12為八字腳。

3. 虛腳點地，兩腳重心比例為9：1時，實腳可外撇（不超過30度為宜），如白鵝亮翅。

4. 無論多大步幅，兩腳尖都要有內扣相合之意。

5. 一定要根據身體條件循序漸進，切忌急於求成。

兩腳平行練拳是什麼樣子呢？可以參考陳氏小架大師們的視訊。

有拳友可能會問：扣得這麼厲害會不會傷膝蓋？

沒問題！初期，膝蓋外側可能會有點不舒服，拉開胯之後，不要說平行，兩腳尖內合都沒關係。

圖 11

圖 12

膝蓋固定（外掤）

為什麼要固定膝蓋？

只有膝蓋和腳不動，胯才會動，才能活化、拉開胯上的關節，才能圓襠（參考《壓箱底的開胯秘訣，都在這裡了》）。

那麼，膝蓋是外撐好，還是要內扣好呢？要外撐（掤）！

只有膝蓋外撐，才能與腳、胯配合，在大腿和小腿上形成撐勁，才能真正地「緊」，也只有外撐，才能談得上「固定」膝蓋。

當然，固定膝蓋是相對的，不是一點不能動，只是活動的範圍不能大，要注意以下兩點：

1. 練拳過程中始終保持屈膝狀態。

2. 重心移動過程中，兩腿膝蓋掤勁不丟，始終有外撐之意，尤其是從實變虛的那條腿，更要加倍注意。

骨盆端平

骨盆端平，就是把骨盆想像成一個盛滿水的盆子或魚缸。在移動過程中，始終要小心翼翼，不可左右傾斜，不可忽上忽下（重心上下起伏）。

為什麼要端平呢？氣聚丹田的過程如同倒流香流入盆子，只有骨盆平穩，才能將氣聚攏，來回晃就晃沒了。

怎樣保持骨盆平穩呢？骨盆的平穩來自下肢的穩定，一定要屈膝鬆胯，膝蓋外撐，切不可繃直腿頂死髖關節，

那樣的話，盆裡的「氣」就跑光了。

骨盆端平僅對骨盆提出了要求，骨盆以上的部分，是可以在一定限度內「違規」的：比如身體左右傾斜、腰脊扭轉，這是適用於初學者的練法。

總而言之，骨盆端平，概念清晰，易於理解，容易判定，好處多多。

貫穿始終

貫穿始終最重要，卻最難做到。

前面的三個要求，必須要貫穿始終才能產生顯著效果（其實，不只是這三點，太極拳所有的動作要領都要始終做到）。

許多拳友苦練多年卻不入門，最重要的原因不是不知道要領，是知道卻沒有做到。

那麼，怎樣做才算貫穿始終呢？

有一個檢驗的辦法：在練拳的過程中，任意時間抓拍一張照片，所有的動作外形全部到位。

能100％做到，你是天仙下凡吧！做到90％，已經是高手了！做到60％，入門就沒有問題了。

這16個字，是太極拳入門最基本的要領，按照這樣的要求練習，每天一小時，幾個月就能體會到丹田有氣是什麼感覺了。

太極步法很講究，
談談腳的5種落地方式

練太極拳，如果說下盤是根基的話，腳則是根中之根。動作轉換，移步變招，腳都是一馬當先，而腳的觸地方式，被許多拳友所忽略。

但是，這個看似微不足道的細節，卻對拳架有著「舉足輕重」的影響。

概括起來，腳的觸地方式有下面5種：

1. 「咚咚」型：

帶重心開步，身體重量灌注於虛腳（懸空之腳）砸向地面，全腳掌著地，如同打夯。

2. 「啪啪」型：

腳掌的一部分先著地，然後，腳掌迅速拍向地面，「啪啪」作響。

3. 「刺刺」型：

虛腳半路落地，貼地滑行一段距離，鞋底與地面摩擦發出「刺刺」的響聲。

4. 靜默Ⅰ型：

開步基本不帶重心，腳掌的一部分先著地，在身體重心從實腿向虛腿移動的過程中，腳掌其餘部分緩慢著地。

5. 靜默Ⅱ型：

開步基本不帶重心，腳掌的一部分先著地，之後，其餘部分如履帶般依次向前碾壓鋪展，全腳著地之後，才開

始移動身體重心。

以上5種觸地方式乍看差別不大，但其動作規範程度和體現的功力水準卻有著雲泥之別。如果以100分為滿分的話，各種觸地方式得分如下：

「咚咚」型——60分以下；

「啪啪」型——60分；

「刺刺」型——70分；

靜默Ⅰ型——80分；

靜默Ⅱ型——90分以上。

這樣判分，是何道理？當然有道理！不過，講道理之前，先得講一個太極拳名詞——「轉關」。

太極拳中的「轉關」，《現代漢語詞典》並沒有收錄，按照字義和前輩們的說法，應該包含內外兩個層面的轉換：即前後兩個動作的轉換和勁路方向的轉變，換成大白話就是「動作和力改變方向」。

太極拳依太極之理所創，故轉關亦是陰陽轉化，而無論是陰極生陽，還是陽極生陰，都是一個從無到有、從弱到強、圓滑過渡、緩變漸進的過程。

如同黑夜向白天轉變，依次是：凌晨（午夜後至天亮前）；拂曉（接近天亮）；破曉（天將亮未亮）；黎明（天剛亮）；清晨（天亮到太陽剛出來不久）。半夜三更突然豔陽高照，一定會嚇壞芸芸眾生的。

那麼，開步算不算轉關呢？

開步是整個身體運行方向的變換，是極其重要的轉關！既然是轉關，它的變化也應該是從無到有、緩變漸

進，即懸空腳的某一點先落地，如葉落水面，之後腳掌其餘部分如蕩漾開的漣漪一般逐次落地，然後才是身體重心開始從實腿向虛腿移動。整個過程應該從虛到實、順滑漸變、潤物無聲。

如果用黑夜變白天來比喻的話，應該是這個樣子：

提起腿腳在空中運行——凌晨；

腳接近地面——拂曉；

部分腳掌觸地——破曉；

腳掌其餘部分緩緩著地——黎明；

全腳掌著地——清晨。

如果帶著重心用腳「砸」地，則如巨石入水，夜半日出，有違太極之理。

當然，開步姿勢規範是一個漸進的過程，對於初學者而言，由於氣浮於胸和腿部力量不足，帶重心開步，出現「咚咚」「啪啪」「剌剌」聲是正常現象，但練拳日久，大腿結實有力，卻依然不改用腳砸地、搓地之習慣，就該對拳理重新研究一下了。

太極步法很重要，
兩個原則要把握好

　　腳尖和腳跟，哪個部位先著地好？

　　在上文中講過，最理想的落腳方式是腳掌的一部分先著地，然後，其餘部分如履帶般依次碾壓鋪展。

　　有一些是預設選項，前進步：腳後跟先著地；退步：前腳掌先著地。如果是側向開步，問題就稍微有一點複雜了。側向開步在陳氏太極拳中較多。

　　陳氏太極拳的兩個分支（大架和小架）開步要求不同：大架要求鏟地滑出，就是腳後跟內側先著地，然後貼地向前鏟滑一段距離。小架開步要求腳內側先著地（實際是前腳掌內側），不鏟不滑。

　　這兩種落腳方式，孰優孰劣？腳後跟內側先著地然後鏟出去，有利於養成不帶重心開步的習慣，但這樣做的弊端是容易夾襠。前腳掌內側先著地，腳在運行的過程中，可以始終把襠撐圓，但這樣做容易帶重心開步，還有一個小瑕疵，就是姿勢不符合多數人的審美習慣。

　　難道沒有一個完美的解決方案嗎？沒有。

　　其實，對於高手來說，任何一個姿勢都可以做得很到位，無論是腳後跟還是前腳掌先著地。如果是初學者，建議先用腳跟著地，避免帶重心開步，待習慣養成以後，可以嘗試前腳掌先著地。當然，如果有老師教，就聽老師的，改來改去，說不定會挨揍的。但無論是哪個部分先落地，都要把握兩個原則：一是開步不帶重心，二是始終圓襠。

腳上有這4種毛病，影響開胯轉丹田

陳長興在《太極拳十大要論》中說：「下節不明，顛覆必生。」

那麼，如何從腳上練起呢？

陳照奎大師在《太極拳五十諸病》中提到練拳者腳部易犯三大病：

「拔根」：就是腳跟離地。

「喝風」：腳掌外緣離地，多出現在開步和倒換重心時。

「擰鑽子」：腳亂擰亂搓，開步落腳時比較常見。

老六認為，還應加上一條：「丁八腳」，就是兩腳的相對位置呈「八」字或「丁」字，即丁字腳和八字腳。

拔根、喝風、擰鑽子、丁八腳有什麼弊端呢？

1.影響重心穩定，身體容易搖晃和起伏。

2.不利於拉開踝關節。

3.最重要的一點：不利於開胯。腳和胯有什麼關係呢？在日常生活中，膝和踝關節用得最多，由於這兩個關節已經能滿足日常運動之需，所以胯上的關節就處於偷懶、休眠狀態，天長日久，逐漸黏連在一起，很難打開，這也就是內家拳格外重視開胯的原因。其實，開胯的方法並不神秘，在練拳的過程中，只要把腳和膝蓋固定好，胯就會被迫運動，慢慢就會被盤活拉開（具體的開胯方法後文詳述）。

那麼，這幾種毛病如何克服呢？

你也許會認為，很簡單啊，腳不動不就行了。說著簡單做起來難，不信，你可以練幾式錄段視訊看一下。你會發現，想要腳老實點，還真的不容易。

問題的根源在哪裡？習慣！知道問題在哪容易，改正習慣太難！

所以，我們要改的不是問題，是習慣。那怎麼改呢？貫徹一個原則：落地生根。腳一旦落地，絕不再動。絕不再動有兩個意思：對了不動，錯了也不動！位置不對，不動！角度不對，不動！不舒服，也不動！

錯了就錯了，堅決不改！養成好習慣，毛病自然會改正。

在改正的過程中，還要注意以下幾點：

1.「喝風」一般出現在開步後腳剛落地時，腳底懸空就開始移動重心，容易造成腿部繃直，頂死胯根，這是練拳的大忌，非常影響開胯和丹田氣的彙聚。

2.「擰鑽子」一般出現在腳落地後重心移動的過程中，這時候會感覺不舒服而不自覺地進行調整，所以要特別注意。

3. 腳尖要內扣，就是腳尖要朝向正前方或略朝向身體內側，同時大腳趾有微向內側收緊之意。

4. 五趾扣地，就是五個腳趾用力彎曲，使腳背向上隆起，像玉米根一樣牢牢地紮在地裡的感覺。這個要領不強求，能做到最好，暫時做不到不要緊，練到一定程度自然水到渠成。

5. 腳要不「丁」不「八」，換個說法，就是小步絕對平行，大步相對平行（按說絕對平行是最理想狀態，可是一般人在步幅過大時很難做到，強做會傷膝，不提倡）。雙腳平行，配合膝蓋外撐，可以撐圓襠部，有利於開胯。

如果將兩腳尖微內扣是什麼效果呢？

老六有個朋友，天生「內八字」。拳學得很慢，一週最多學兩式，但是他的身體變化卻很明顯：學拳一個多月，腹脹、便秘的毛病消失了。以前上廁所，看完老六三篇文章才能結束。現在，一篇看不完就得起身了，用他的話來形容：暢快淋漓。還有，他的啤酒肚也變小了。

學了快三個月的時候，他說小腹發硬，偶爾微動。老六覺得有些詫異，因為他學的時間不長，上肢比較僵硬，而且有努勁憋氣的毛病，他的丹田怎麼會有感覺呢？

後來，老六仔細觀察他練拳，發現雖然他上半身不合格，但腿腳動作非常到位，尤其是腳，任何步子都能做到平行，甚至腳尖微內扣。

老六擔心他膝蓋受不了，提醒他不必扣那麼狠。他說沒事，平常走路有點內八字，已經習慣了。

一種看起來有瑕疵的步態，在練拳的過程中居然變成了優勢！

丹田萌動跟他的腿腳有沒有關係？根據以往的教學經驗，老六認為有！

腳上的問題最容易改，而且最容易見效。丹田無感的拳友，把90%的注意力放到腳上，紮紮實實練上兩週，你將會有全新的感覺。

兩腿重心分配，4：6好還是3：7好

重心在兩腿之間移動的最大限度應該如何把握？

有人說三七（兩腿承重比為3：7）好，有人說四六就行，還有人說越多越好，究竟哪個對？

如果從虛實分明的角度看，當然是三七開好，如果能開到二八、一九當然更好。但這只是我們一廂情願認為的理想狀態。

實際情況是什麼呢？

在剛開始練拳的時候，能做到四六已經不錯了，因為胯沒有拉開，所以重心移動的範圍就很小。

隨著練拳時間的增加，胯上的關節被盤活拉開之後，重心移動的範圍就會越來越大，達到三七甚至二八是有可能的。

那是不是越大越好呢？

如果從開胯的角度看，當然是越大越好。

但是，重心移動過多亦有弊端：

一是會把胯頂死，

二是會影響襠的虛靈。

凡事都要講究一個度，所以重心在三七和四六之間比較合理。

有沒有一個最佳值？還真有！是什麼？0.618：0.382。這麼精確？還有小數點？

這好像是黃金分割線！那以後練拳還要帶把尺子，時

不時地量一下嗎？

當然不需要！其實，知道這個三七、四六、黃金分割是不夠的，還要知道練拳的不同階段對重心分配的要求是有所不同的。

初學時，從四六開始，不斷努力多移，爭取移到三七，甚至超過三七都可以。

把胯拉開以後，再練一段時間，胯開得比較穩定，內氣也充足了，就不用在意重心移多少，保持在三七和四六之間就行。

需要提醒一點，單腳點地的虛步不適用上面這個標準，實腿承重占九，虛腿占一。

抬腿過高，原來有這樣的弊端

有拳友問：練太極拳，開步、提腿、蹬腳時，腿要抬多高合適？

其實沒有標準！有一種流行的觀點：腿抬得高，證明腿有力，開了胯，是好現象。果真如此嗎？

如果是舞臺上的表演，高抬腿確實具有一定的觀賞性，說不定還會技驚四座，掌聲雷動。但對於練拳而言，這樣的做法好處不多，弊端倒是不少。

許多拳友會有這種體會：在練金雞獨立、擦腳、蹬腳之類的單腿站立動作時，有時會站立不穩。不光是初學者，就是練了很久的拳友也會出現這種現象。

用腿的支撐力不足來解釋，顯然不能令人信服。有經驗的拳友會告訴你：是因為你的氣沒有沉下去。只要出現站不穩的情況，一定是氣沒有沉到丹田。氣（勁）斷了！

其實，不只是單腿站立的動作，如果你丹田有氣感的話，留意一下，會發現幾乎所有的開步都存在丹田氣感短暫消失的現象。一開步就斷勁！而過去之所以沒有發現，主要是在開步時，腿在空中停留的時間很短，斷勁轉瞬即逝，你的大腦給忽略了。

所以，可以得出這樣一個結論：腿抬得越高，在空中停留得越久，斷勁就越多！

其實，不止是練功，從應用的角度看，腿抬得高也是百害而無一利。凡是注重腿的運用，認為腿的攻擊力要強

於手臂的拳友，一定是武打片看多了。

飛身蹬踹、掃堂腿、連環腿……影視劇裡之所以會出現這些眼花繚亂的動作，只是武打導演為了視覺效果而設計的套路。

實際應用中，大腿看似粗壯有力，卻不是擊打對手的最優選擇，外家拳、內家拳都是如此。

「抬腿三分險」，腿抬起過高，運行距離較長，耽誤時間，關鍵的一點，用腿攻擊對手，自己容易失去平衡。而太極拳的運動特點，更是決定了它只適合於貼身近戰。

關於太極拳各部位的威力，有這樣一種說法：寧挨十拳，不挨一肘；寧挨十肘，不挨一靠；寧挨十靠，不挨一胯。從胯到拳，攻擊力竟能衰減1000倍！

當然，這只是一種誇張的修辭手法，但它對太極拳的發勁原理卻描述得十分到位：「勁」源自丹田，離丹田越近，威力越大。

貼身近戰，是保證擊打效果的必然選擇，腿是沒有用武之地的。那腿到底抬多高合適呢？有以下幾個建議。

1. 開步時，離地面越近越好。

2. 蹬腳、擦腳時，到膝蓋的高度就夠了（膝蓋是很脆弱的，攻擊此處事半功倍且容易保持自身平衡）。

3. 做金雞獨立、金剛搗碓之類的動作，大腿與地面平行就好。

把握一個原則：儘量減少腿在空中停留的時間。

需要說明：上面的要求僅針對初級階段拳友，對於能實現單腿虛實轉換的高手來說，腿多高多低都無所謂。

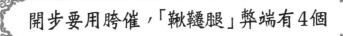

開步要用胯催，「鞦韆腿」弊端有4個

只要有機會，就要偷個懶——這是人的天性，很難抗拒。

但是，如果你有志於將太極拳練好，就一定要給「天性」這匹野馬套上韁繩，決不能由它胡來。

之前，老六寫過一篇文章《練太極拳胯不開，跟「不自覺偷懶」有關》，盤點了幾種練拳時的「偷懶」行為。今天，再增補一個——鞦韆腿。

所謂「鞦韆腿」，就是在開步的時候，腿像鞦韆一樣來回晃盪。出右腿時，腿先向左盪一下，然後藉助慣性向右盪開。

這種開步法，弊端有很多。

1. 不利於下盤的穩固

無論練什麼拳，下盤穩固都是第一位的，太極拳當然也不例外。「鞦韆腿」來回晃盪，典型的不穩定因素。

2. 有違以身領手的要求

以身領手是練太極拳的重要原則，這裡的手，不能單單理解為「手」，準確的表述應該是以身領四肢，無論是腿腳還是手臂都要用「身（腰胯）」去帶動。

如果丹田有氣感的話，則應該是丹田催動，而不能任由腿腳盪鞦韆。

3. 掤勁丟失

掤勁不丟是行拳的基本要求，但是許多人往往會忽略

定語：周身上下、自始至終，即任何時候，身體除胸腹以外的其他部位掤勁都不能丟。「鞭韃腿」徹底違背了這一要求。

4. 斷勁

在《抬腿過高，原來有這樣的弊端》一文中，老六提到，抬腿過高，腿離地時間過長，容易造成斷勁，不利於丹田氣的積蓄，「鞭韃腿」是一樣的道理。

那「鞭韃腿」弊端這麼多，如何改正呢？——「使勁」改！

開步時，重心下沉，腿不要回撤直接開步，用胯把腿「送」出去。這樣的開步方式，不太好做——腿肌無力的人根本就做不到。

實在做不到怎麼辦？不要勉強，逐漸縮小盪腿的幅度，慢慢過渡。

最後，有一點需要說明：丹田控制下的擺腿與「鞭韃腿」不能混為一談。

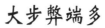

大步弊端多

許多人認為：步子大、架子低是功夫好的標誌。事實果真如此嗎？

前面有一篇《低架真的出功夫嗎》對拳架過低的弊病進行過分析，概括起來有如下幾點：難以做到圓襠、屈膝、鬆胯，而且容易傷膝關節。尤其是初學太極者開大步、求低架，不但會出現上述問題，還會留下一些不易修正的後遺症。

太極拳初學者，往往腿力不足。如何增長腿力呢？

多數人會選擇開大步、盤低架。事實上，許多老師也是這樣要求的。

對於年紀輕、體力好的學員來講，這樣的要求並不過分，對於快速增長功力大有裨益。但是，多數太極拳愛好者並不具備這樣的條件。

相反，選擇太極拳作為健身方式的以中老年、體質差者居多，用低身法去要求他們確是勉為其難。

強行開大步，下低架的結果，有很多弊端。

第一個弊端：帶重心開步，腳會重重地砸向地面，達不到輕靈的要求。

第二個弊端：由於腿力不足，會不自覺地彎腰翹臀，由前傾轉移重心來確保步幅。

第三個弊端：練某些招式時會用手臂配重，導致動作變形或不到位，比如摟膝時，雙手舉不到應有的高度。

麻煩的是，上面的壞習慣一旦養成，非常難以改正。

更麻煩的是，腿力不足的缺陷還會被大步的假象所掩蓋，導致校正動作時捨本逐末。

那麼，已經養成開大步的習慣，而且有彎腰翹臀、帶重心開步的問題，怎麼辦呢？儘量縮小步幅，直起身子打拳。

練一下蹲牆功：面朝牆壁自然站立，雙腳距離不要超過15公分，腳尖離牆20公分左右，自然下蹲。如果沒有問題，那就再向前2公分，循序漸進，每天堅持，直到腳尖貼牆，雙腳併攏也能蹲下、起立為止。

細心的朋友可能會問：大步小步有什麼標準？多大的步幅才算大步呢？

這個問題，顯然沒有標準答案，因為人的身高不同，腿長也不一樣，1.5米的步幅對於個高的人來說是小步，對於個矮的人來說可能就是劈叉了。

世上無難事，只怕想練好拳的人。雖然沒有標準答案，但每個人的步幅大小是有章可循的。怎麼循？以腿長為尺規──雙腳間距超過腿長，就算大步。初學者和腿力不足者，最大步幅不要超過自己的腿長。

有些人可能會有疑問，這麼小的步子，練功的效果能好嗎？能練出丹田氣嗎？沒問題！

參加培訓班的零基礎學員，剛開始普遍邁不開腿，練上一段時間之後，都會逐漸放大步幅，降低架子，練出丹田氣者屢見不鮮。

「甩手掌櫃」，練不好太極拳

如果盤點太極拳的核心要領，「掤勁不丟」絕對算得上一個。

什麼是掤勁不丟？就是周身上下時刻保持一種飽滿外撐的張力，如同一個氣球。

說著簡單，做到卻非易事。能周身上下掤勁不丟的，十裡挑一。能整套拳架周身上下掤勁不丟的，說百裡挑一，都有些誇張。

對於下肢的掤勁不丟，老六在之前的文章沒少囉嗦，本文重點解析一下手臂的掤勁。

許多人練拳，手臂毫無張力，軟塌鬆懈，甩來甩去，姑且稱之為「甩手掌櫃」。

之所以「甩手」，大概有兩個原因：

一是受毒雞湯「鬆鬆鬆，太極功」的戕害，不敢使勁；

二是明知非故犯——知道掤勁不能丟，卻一不留神就給忘掉了。

有人可能會問：沒有掤勁又會怎樣？其實也沒有什麼，只是練出丹田內轉的可能性極小而已。所以，掤勁不能丟，丟掉的也一定要找回來。怎麼找呢？

首先，腦子裡得繃緊「掤勁不丟」這根弦。怎麼繃？陳鑫、郝少如等前輩早就告訴我們了——身肢如弓，要把後背和四肢想像成彎弓，時刻保持緊張狀態。

第二步，需把握兩個關鍵點：第一個：屈！第二個：屈！這兩個「屈屈」這可不是蟋蟀的暱稱，是要屈肘、屈腕的意思。只有屈肘、屈腕，才能做到手臂如弓，不丟不頂。

需要說明的是，「屈屈」不是太極拳術語，老六只是借用一下，它的來歷，有一個小插曲：

某次集訓時，有一個學員是健身教練，老六提醒他注意屈肘折腕，他問：「是屈屈嗎？」然後他解釋說，健身也講屈肘、屈腕，目的是拉筋——與太極拳抻筋拔骨的要求如出一轍。

屈肘不用解釋，屈腕這個概念，估計許多拳友不太清楚，就是手掌和前臂不要在一條線上，手掌要嘛前俯，要嘛後仰。

屈腕還有幾種叫法：塌腕、坐腕、折腕等等，老六更習慣於叫折腕，易於理解。

有些拳友戴「鬆鬆鬆」這個「緊箍咒」多年，對於折腕可能難以接受。沒關係，如果你哪天突然發現「鬆」了這麼多年，丹田依然空空如也，再來嘗試一下「緊」也未嘗不可。

最後是兩條建議：

折腕時，手掌手指不能用力！

如果你練陳氏太極拳，需要明白：折腕是手臂上產生纏絲勁的前提，一刻也不能鬆懈。逆纏時折腕的幅度要大一些，順纏時折腕的幅度要小一些。

手要領勁不使勁

許多人知道練太極拳，手要領勁。那具體怎麼「領」呢？

領——帶著、引著的意思。也就是說，在練拳過程中，上半身及臂膀的轉動角度和方向，由手來決定。手就是領導，就是方向盤，就是抗戰片裡戰鬥打響，振臂高呼「同志們，衝啊」的那個人。

所謂「領」，也就是這麼個意思。那怎麼「領」呢？

手既不能太鬆懈、軟塌，也不能使勁繃直手指、攥緊拳頭。

過緊的真正弊端，是造成手掌關節肌肉僵硬，氣不能貫注手指。

這個鬆和緊的度怎麼來把握呢？

先把手完全放鬆，然後手指慢慢使勁，剛剛有點繃緊的感覺就行了。這時候，手指的形態應該是微微向前彎曲。

為了說得再清楚一點，我們用汽車來類比。

手就是方向盤，再使勁擰它，汽車也不會挪動分毫，要想跑得起來，必須要發動機提供動力才行。

人身上的發動機在哪呢？——丹田，當然，發動機要點著火，也就是丹田氣充足會轉，才能催動肢體，要是沒有氣怎麼辦？那就退而求其次，用腰胯吧，總比用手來回劃拉要好得多。

　　其實，以手領勁的表述不夠精準，最確切的說法應該是以手指領勁。

　　以陳氏太極拳為例，手臂向身體外側旋轉，即做逆纏絲時，用大拇指來領勁，逆纏到頭；手臂向身體內側回轉時，叫順纏絲，這時候，用小拇指來領勁。每式完結，鬆氣下沉為定式時，以中間三指為主領勁。

　　知道手指領勁就夠了嗎？不夠！手指領勁，還需要手腕的配合。

　　腕關節一定要向後微折，掌根與手指配合，才能實現完美的領勁過程。

一張太極大師的老拳照
洩露開肩的秘密

（圖 13）照片中的人物許多人都知道，他是陳氏太極拳一代宗師——陳發科。

看到這張拳照，你有什麼感受呢？

老六第一次看到這張照片時，覺得大師的拳架剛直有餘，鬆柔不足。又過了若干年，對太極拳有了更深層次的認識之後，再看這張照片，才意識到自己的膚淺。

這張照片中暗藏著許多訊息。今天，我們重點討論一下這張拳照對開肩、開肘、開腕方法的啟示。

老六在之前的文章中提出：無論是開胯開肩，還是開肘開踝，所有活化拉開關節的方法，歸根結底就是兩個動作——扭轉、拉伸，如果非要加上第三個，那就是扭轉加拉伸。

太極拳中拉伸的動作雖然多，多數練拳者做得並不到位，尤其是陳氏太極拳習練者，往往重視纏絲而忽略拉伸。纏絲是扭轉運動，只有與拉伸相結合，才能完全拉開骨頭之間的縫隙，加大關節活動的範圍，從而打通氣血的通道。

那麼，如何才能練好拉伸呢？大師的拳照已經明明白白地告訴了我們。

圖 13

首先，肢體要儘量放長。太極拳是肢體放長的運動——在許多太極拳理論中我們都能看到這句話，放長就是拉伸運動。在練拳時，主觀上要放大自己的氣場，雖然身體只占不到1平方米，但意念要霸佔周邊至少20平方米的場地。肢體向外開的動作，如單鞭，要想像著手臂向外延伸3～5米。

在發勁時，不能把勁窩在手臂裡，一定要把手臂伸直打透，比如打掩手肱拳時，假想著手裡握有一塊石頭，發勁時一定要讓石頭飛出去。

第二，手臂在放長時，手掌不能完全直立，否則的話，折腕的角度接近90度，腕部發緊，影響延展，還會將手臂間的氣路阻斷。

第三，要注意手臂放長時有一個原則不能違背，那就是肘關節不可完全繃直，手臂儘量伸展，但肘部一定要有一點彎曲。

有人可能會懷疑，用意念將肢體放長，真的會有拉抻的效果嗎？

我們可以做個小遊戲測試一下：首先，將兩手腕橫紋對齊，然後雙手合十，比較兩手的長度，你會發現，左右手指的高度不一樣，多數人是左手指略高。然後，將右手向上高高舉起，儘量向上伸直手臂，想像著手一直向上延伸：摸到了房頂，穿過房頂，摸到了樹梢，摸到了白雲，伸出了大氣層，摸到了星星……1～2分鐘之後，雙手再合十，比較兩手的長度。

你的右手「長」長了嗎？

關節的秘密一定要知道

關節是什麼？對於練拳者來說，關節就像跨欄比賽賽道上的欄杆一樣，是練拳路上的障礙。為什麼這樣說？我們從字面上來理解下。

關：重要的轉捩點或不容易度過的一段時間，比如關門、關機、難關、關卡。

節：指物體各段之間相連的地方，如竹節，引申的含義是事物性狀發生變化的關鍵點，比如節氣。

對於這個「節」字，有必要多說兩句。人類很喜歡「節」，動不動就要過「節」。這是為什麼呢？因為「節」不好過！

在中醫的眼中，節和劫沒什麼區別。

人是大自然的一部分，節氣的更替會影響人的生理狀態，只不過身體壯實的人感受不明顯。體質差的只要遇到季節轉換，就容易出現不適或疾病加重（經驗老到的中醫看病，會充分考慮節氣的影響）。

所有的節日中，最大的一「劫」莫過於春節。

這個節，是四季輪回的交接點，是寒邪最盛，從陰向陽轉換的一個關口。這時候，人體最容易出問題，怎麼辦？——歡度！貼紅色對聯，放紅色鞭炮，掛紅色燈籠，點紅色蠟燭，穿新衣，吃大餐，走親訪友……人們想盡一切辦法振奮精神，提升陽氣，對抗陰寒之邪，在歡樂亢奮的狀態中度過這個「劫」。

老六高度懷疑，過春節，最早是由中醫提出來的！

透過上面的解讀，是不是覺得關節二字橫看豎看都不順眼呢？它們湊到一起，更是滿滿的「負能量」！

生理學之所以把骨頭相連的位置命名為關節，就是因為這些地方麻煩較多，最容易出現問題。但是，說關節是個十惡不赦的壞蛋，有失公允，它其實也是有重要作用的。

骨骼的功能是支撐人體站立，給人體加上關節，人就能自由地活動。

事物都有兩面性，關節在保障人體靈活性的同時，也有一些副作用，那就是它非常嬌氣，很容易阻礙氣血的運行。這其中的機理，就不展開說了，有興趣的可以自行研究。

我們練太極拳，說白了就是為了擺弄、活化關節，哄它開心，在氣血通過時不要讓它進行阻撓。如果還用跨欄打比方，練拳就是降低欄杆的高度，或者把欄杆改造成橡膠的，即便是「絆」住了氣血，影響也不大。

那麼，我們該怎樣保養關節呢？

在練拳的過程中，關節的角度最好保持鈍角，銳角的狀態越少越好。尤其是在定式的時候，更要注意。

比如：臀部不低於膝蓋，保證膝關節呈鈍角；臂儘量撐圓，保證肘關節是鈍角。保持鈍角有什麼好處呢？想想高速公路為什麼沒有直角和銳角轉彎吧！

儘量擴大關節的活動範圍，尤其是平時活動不到的角度和方向。

比如：手做抓握動作較多，手指手腕一般是向內活動，在練拳的時候，就要舒展手指，讓腕關節向手背方向折；腳趾關節一般是向上彎，練拳時就要反其道而行，向下扣地。

再比如，胯上的幾個關節活動少，就要由限制腳和膝蓋來強制開胯。

儘量把肢體放長。太極拳的運動特點之一就是身肢放長。在開步時，腿多向外伸，拉開髖、膝和踝關節。打開手臂時，一定要有意識地向外延展，以便活化肩、肘、腕及手上的小關節。

特別提醒丹田沒有感覺的拳友，千萬不要拘泥於沉肩墜肘和一味地放鬆，還有一個原則不能違反，那就是無論腿和臂伸展到什麼程度，萬不可繃直。

有這種感覺？恭喜你！快入門了

有拳友問：最近練拳時，偶爾會出現身體沉墜，腳黏到地上的感覺，怎麼動都很穩，這是好事還是壞事呢？

當然是好事了！說明你快入門了。當然，別高興太早，只是說快入門了，確切地說是到門口了，但是還沒進去，或者說是一腳門裡，一腳門外。

怎樣才算入門呢？丹田能動起來，才算。為什麼？太極拳是三大內家拳之一，內家拳練什麼？歌曲《中華武術》中有一句歌詞說得很清楚：「內練一口氣……」不對，內練一口氣，又沒說是丹田氣。沒錯！確實沒說。但你知道丹田的別名叫什麼嗎？——叫氣海！海納百川，百川入海。周身之氣都流向丹田，所以叫氣海。

周身之氣流向丹田，不是單向的，而是會在丹田出入。如果只進不出，肚子遲早得「爆炸」。爆炸的時候，不對！氣流量足夠大的時候，進出的動靜就大，就能看到或摸到丹田運動。

聽說過「氣沉丹田」吧？一個「沉」字準確地概括了氣聚到丹田時的感覺——像秤砣一樣往下沉、墜。雖然你進出丹田的氣流量不夠大，但好歹也有一些，所以出現沉墜的感覺。那為什麼時有時無呢？太極拳的運動規律是以外形引動內氣，只有合規的外形才能引動內氣。你有感覺的時候，說明動作合規了，沒感覺的時候，說明動作的誤差還比較大。

丹田轉動訓練方法

丹田轉動，就好比汽車的發動機已經啓動，會向周身提供源源不斷的動力。這個時候，手臂腿腳就會進入「半自動或自動」狀態，所謂「以內氣催動外形」。

丹田產生萌動的感覺之後，繼續練習，丹田氣感會越來越強，腹部會有明顯的球體感，而且，這個球體會隨著四肢動作（主要是手臂）在腹部滾動、轉動。轉動強烈時，從外形上可以看到，手可以觸摸到。

丹田轉動的訓練方法，有兩個核心：

一是開胯，胯是人體的樞紐、丹田的搖籃，只有把胯的空間打開，丹田的容量才會加大，氣才能聚得更多，才能轉得起來。

二是雙手的纏絲，雙手纏絲運動是引動丹田內轉的重要手段，姿勢正確，才能有效地帶動丹田運轉。

纏絲──丹田聚氣內轉的核心

陳鑫大師說：「太極拳，纏法也。」

纏絲是太極拳的核心練法，只有經由纏絲訓練，才能讓身體的不同部位產生鬆緊，才能導引氣血的流動。如果不懂纏絲的規矩和要領，想練出丹田氣就是天方夜譚。

什麼是纏絲呢？簡而言之，就是肢體的螺旋運動，打個比方的話，就像擰毛巾。

在浩如煙海的太極拳理論中，纏絲的分類很複雜：有內纏、外纏、上纏、下纏、左纏、右纏、大纏、小纏、順纏、逆纏、進纏、退纏、正纏、側纏、平纏、立纏等。

這麼多纏法，別說練，拳友們聽著都會暈。

其實，纏絲本質上沒有那麼複雜，五花八門的纏法概括起來就兩種：正轉和反轉，用兩個字來描述就是「順」和「逆」。

順纏：

以雙手向體前平舉（手背朝上）為例，左手順時針、右手逆時針運動。

特徵：手臂肌肉越來越放鬆。

逆纏：

以雙手向體前平舉（手背朝下）為例，左手逆時針、右手順時針運動。

特徵：手臂肌肉越來越緊。

如何練好雙手的順逆纏絲呢？需要注意以下幾點。

1. 順纏時，意念放在小拇指和小魚際上，想著這兩個部位帶動旋轉。逆纏時，意念放在大拇指和大魚際上，想著這兩個部位帶動旋轉。有許多人認為用大拇指、小拇指領勁即可。在長期的實踐中，老六發現，只想著兩根手指容易導致手變形和主動，想著大魚際和小魚際可以避免上述問題。

2. 逆纏要纏緊，只有多纏（達到九分緊），才能使氣更多地向丹田彙聚。順纏則要適可而止（達到三分緊即可），才能給氣一個出路，引動內氣在體內流動。

3. 雙手平捋時，逆纏手要高於順纏手，兩手虎口保持在同一水平線上。只有這樣做，才能保證內氣順暢流動。

4. 雙手平捋時，無論在上在下，兩手間距應為30～40公分，過短易導致夾腋，過長則門戶大開，導致勁合不住。

有的拳友可能會有疑問：你的方法具有普適性嗎？老六只能說，這是經過多年實踐總結出來的最高效的聚氣方法，按這個要領練習事半功倍。其他方法也不是行不通，只是效率不高。

練太極拳開胯，
99%的人易入兩個誤區

關於開胯，沒有一個清晰明確的定義，在現代醫學中，是沒有胯這個詞的，詞典上對胯的解釋是：腰的兩側和大腿之間的部分，「開胯」這個詞乾脆就沒有！

正是由於概念過於模糊，使許多人不知不覺步入了誤區。

誤區一：開胯開的是髖關節

開胯既不是切肉，也不是劈骨，這裡的「開」是拉開、活化的意思。拉開什麼？活化哪裡？當然是胯上的關節！把骨肉打開那叫手術！

那麼，胯上都有什麼關節呢？最為人熟知的是髖關節——大腿股骨和髖骨連接的地方。

事實上，網上90%的開胯方法說的都是拉開髖關節。錯了嗎？沒錯！但是，僅僅打開髖關節是不夠的！胯上所有的關節都要打開！胯上究竟有幾個關節？6個：2個髖關節、2個骶髂關節，1個骶尾關節，還有1個不叫關節的關節：恥骨聯合。（圖14）

打開髖關節，重心轉換才靈活。打開骶髂關節和恥骨聯合，兩塊胯骨才能自由運動，丹田的活動空間才會擴大。打開骶尾關節，才能收放自如，真正做到泛臀和斂臀，否則，泛臀只能叫撅屁股。

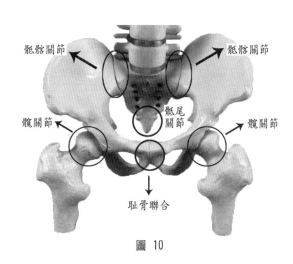

骶髂關節　　　　　　　　骶髂關節

骶尾
關節

髖關節　　　　　　　　　髖關節

恥骨聯合

圖 10

誤區二：開胯只要拉伸、扭轉

正是因為有第一個誤區，才會產生第二個誤區。流行的各種開胯方法，諸如拉腿、壓腿等等都是拉伸扭轉的方法，主要針對髖關節，有時順便捎上恥骨聯合，對於骶髂關節和骶尾關節幾乎沒什麼用！

那麼，打開骶髂關節和骶尾關節，用什麼方法？——丹田氣！只有丹田氣在骨盆內膨脹、運轉，才能撐開骶髂關節，迫使骶尾關節活動。

有朋友可能會問：不打開後兩個關節，能產生丹田氣嗎？能！開胯和丹田氣是相輔相成、相互促進的關係。開胯加大了骨盆的容量，使得丹田容納更多的氣，丹田氣充盈，會進一步撐開活化骶髂關節和骶尾關節，形成良性循環。

練太極拳開胯，究竟是什麼感覺

那麼，開胯究竟是什麼感覺呢？綜合拳友的描述，開胯大概會出現以下幾種現象：

第一是酸痛，由於長期不活動，僵化的關節在拉開的過程中會有酸、痛、累的感覺。

第二，會有響聲，在練拳、走路、肢體扭轉，甚至躺在床上翻身時，關節會發出「咯咯」的響聲，感覺好像有些錯位，但不會疼痛。這種感覺不只開胯時有，身上的各個關節打開時都會有。

第三，感覺盆骨的活動範圍加大，甚至兩塊盆骨能獨立活動。

第四，身體重心在兩腿之間移動的範圍明顯加大，比例可以達到三七甚至二八。

第五，如果原先有練拳引起的膝蓋疼痛，胯上的關節拉開以後，痛感會減輕或消失。

壓箱底的開胯秘訣，都在這裡了

有沒有一種既全面又輕鬆的開胯方法呢？

有！什麼方法？練拳！忽悠人吧？非也！不要輕視太極拳創編者的智慧，太極拳套路中其實已經包含了針對各個關節，各個方向的拉開、活化運動，是最為科學的開胯方法。

有人可能會問，我天天練拳，怎麼胯還是未開呢？原因何在？

回答這個問題之前，我們要先分析一下跟開胯有關的3個大關節的活動方式。

髖關節，堪稱萬向節，可以朝任何方向活動。

膝關節，能力有限，只能前後活動。

踝關節，也能朝任何方向活動，只是活動範圍比較小。

上面3個關節配合起來，讓腿可以360度運動，想蹦想跳，想踹想踢，想走想跑，想轉想擰，無所不能。

但恰恰是這些關節的「勤快」，造成了另外一些關節的「懶惰」，如前文提到的骶骼關節和恥骨聯合。

現在明白了開胯的原理了嗎？還是不明白嗎？我們再來做個遊戲——「活埋」自己。

第一步

挖一個深坑。

第二步

自己跳進去。這時候，你是可以朝任何方向自由運動的。

第三步

填土，先埋住腳踝。這時，你動一下試試，蹲和轉身是沒有問題的。

第四步

再填，埋住膝蓋。這時候，你想活動的話，怎麼辦？只能轉胯！誰胯上的各個關節活動範圍大，誰的動作幅度就大！

現在，你明白怎麼開胯了嗎？還不明白？那就接著填土！直到明白為止！

在求生慾望的驅使下，相信你會頓悟的：限制腳和膝蓋的活動範圍，可以迫使胯上各關節加大活動範圍！

之所以練拳多年，胯未打開，就是你在刻意回避科學的姿勢！有人會說，膝蓋以下都埋住了，還怎麼倒換重心，左右移動？

呵呵，請注意老六的用詞——「土埋」，而不是混凝土澆築，膝蓋是有一點點活動空間的！

明白這個道理，相信你會知道怎麼做。

還不知道的，接著往下看。

練太極拳胯不開，
跟「不自覺偷懶」有關

人有一種本能，那就是逃避痛苦，偏享安逸。

這樣的本能，表現在太極拳中，就是出現一些「不自覺偷懶」的行為。

所謂「不自覺偷懶」，就是主觀上不是故意偷懶，但客觀上出現了避重就輕、避難就易、避苦就甜的行為。

在教學中，老六發現，許多人長期開不了胯，練不出丹田氣，主要原因就是「捨不得」讓肢體受力。在行拳過程中，總想避開肢體運行的刁鑽角度，試圖降低動作難度以求舒適所導致的。

不自覺偷懶，主要出現在下肢。典型表現有如下幾種：

1. 帶重心開步：

開步時，身體重心沒有完全放在「固定腿」上，而是讓「移動腿」帶著重心砸向地面，開步之後，重心沒有移動的過程，而是直接轉到了移動腿上。(圖15)

圖 15

圖 16　　　　　　　　　圖 17

2. 斜身開步：

開步時，不是身體保持中正下沉，然後伸腿出去，而是由傾斜身體、彎腰，把重心轉移到一側，再向另一側開步。（圖16）

3. 開步後不屈膝：

開步時，腳落到地面，腿部直挺，用腿骨支撐身體，大腿肌肉幾乎不受力。（圖17）

4. 收腿時蹬地：

收腿時，重心沒有完全移到實腿，而是由虛腳蹬地的方式，藉助慣性收腿過來。（圖18）

5. 收腿時側身：

這種動作主要出現在收回前腿時（如摟膝），由身體側轉減輕後腿的承重，而不是面朝前方直接後坐收腿。（圖19）

圖 18　　　　　　　　　圖 19

6. 兩腳尖不同向：

這種現象極為普遍，如六封四閉定式，再有就是向前開步或向後倒步時，許多人都會本能地把腳尖外撇形成八字腳，因為這樣做，要比兩腳平行舒服很多。

7. 襠走上弧：

在移動重心的過程中，襠部不是平移，而是走一個上弧線，身體出現明顯起伏。

上述幾種不自覺偷懶行為，在前文中大部分有所涉及，之所以集中起來再講一遍，是因為這些要領極為重要，但大家的重視程度卻普遍不夠。

許多人不辭辛苦壓腿拉筋，還有人對開胯秘訣孜孜以求，殊不知最好的開胯方法就在拳中。

認認真真把細節做到位，該有的都會有。

襠運行的秘密，動線很重要

如果你仔細觀察，會發現許多人練拳時，身子扭來扭去，襠部卻始終在兩腿連線的中間位置基本不動。

換種說法，就是重心沒在兩條腿之間來回倒換或者倒換不明顯。

這樣的練法，很難引動丹田，胯也不能打開。如果發現重心的移動範圍小於10公分，面鏡思過3分鐘。

襠要如何動才符合要求呢？路只有兩條：下弧和後弧。

什麼是下弧？就如同海盜船一樣。為什麼要走下弧？其目的有3個：

1. 保證下盤的穩固。

2. 保證髖關節持續抻拉受力，確保開胯的效果。

3. 實現上虛下實，調動內氣向丹田彙聚。

偷懶是人的天性，打拳時半蹲著很累，所以，在轉關和移動重心的時候，人往往會不自覺地站起來一點，稍微休息一下。所以，刻意提出襠走下弧，是為了避免重心上浮。

那麼，襠為什麼要走後弧呢？

回答這個問題之前，我們先要明白一個概念「鬆胯」。鬆胯鬆的是哪裡呢？

不同階段，要求不同。初學者，記得鬆腹股溝就行。怎麼鬆？腹股溝不要向前挺！如果挺起來，會阻斷軀幹和

腿部的氣路，導致內氣不能貫通。襠走後弧，就是為了避免胯向前挺。

知道襠走下弧和後弧就夠了嗎？不夠！注意，最關鍵的要求來了：

走弧不見弧！走弧……不見弧？這不是矛盾嗎？怎麼理解？──襠要走弧線，但不能很明顯。

為什麼不能光明正大，要藏著掖著？因為，襠害羞……

根本原因是，如果下弧很明顯的話，重心就會兩頭高中間低，有違重心平穩的要求。

那襠走後弧也不讓露形，又是什麼道理？不見後弧，是為了開胯，順便保護膝蓋。

你可以觀察一下，襠走後弧，其實是膝蓋轉動的結果。後弧越明顯，膝蓋轉動幅度越大。這種練法，輕則練不出丹田氣，重則毀掉膝蓋。

一定要學會用胯開步，有3點需要注意

「身領手」是陳氏太極拳的一個重要身法要求，即身先動，手後動（其實適用於所有太極拳）。

為什麼要這樣練？許多人從技擊的角度進行闡釋：身帶手，發勁用的是周身之力，而不單是手臂之肌力。

這樣的解釋，只說對了一半，以身領手的深層次作用，是實現身手聯動，發揮丹田對內氣的支配調動作用。

其實，不光手臂需要身來領，腿腳也要服從軀幹的指揮，所以，稱之為「以身領四肢」更為準確一些。

那麼如何做到以身領腿和腳。

首先，在提腿開步的時候，不能把意念放在小腿和腳上，而應當將著力點放在胯和股骨頭上，用胯和股骨頭把大腿撐送出去，由大腿帶動小腿和腳運動。

其次，實腿轉向時，腳絕不可主動，需要擺腳時，腰胯先行擰轉，將旋擰之力由大腿、小腿依次傳遞至腳，帶動腳尖外擺、內扣或全腳旋擰。

有以下3點需要注意：

第一，以腰胯旋轉帶動腳擺動時，容易引起胯挺膝直，要注意保持屈膝鬆胯的狀態。

第二，學拳初始，腿力不足時，不易做到以身領腿、腳，要循序漸進，日久必成。

第三，丹田無感時，用腰胯催動四肢，丹田氣足可動之後，用丹田帶動。

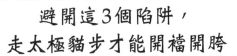

避開這3個陷阱，
走太極貓步才能開襠開胯

模特要走貓步，太極拳也練貓步。

一個規定走直線，一個要求叉開腿邁步。

一個是風姿綽約，一個是如履薄冰……

都叫貓步，差距咋就那麼大呢？難道是跟不同品種的貓學的嗎？

模特學貓步老六不懂，咱們還是討論太極拳的貓步吧。

不可否認的是，作為一項基本功，練習貓步對於增強腿力、開胯有一定作用。但是，如果對貓步沒有正確的認識，練習方法出現偏差，還不如不練。

練貓步之前，要明確一點，貓步就是簡單的步法，誇大、神化它的功效不可取。太極拳講四正四隅：

四正——東、西、南、北（前、後、左、右）；

四隅——東南、西南、東北、西北（左前、左後、右前、右後）。

練拳時在8個方向上都要運行到位。而貓步也就走3個方向：前、左前和右前，所以，單練貓步就想掌握太極步法精髓是不可能的。

市面上流行的貓步練法存在著不少偏差，典型的錯誤步法有以下3種：

第一，夾襠

這個問題最容易被忽視。

圖 20

圓襠是練太極拳非常重要的身法要求，知道的人不少，能做合格得卻不多，許多人只注重定式時的圓襠，在肢體運行的過程中卻將這一要領忘得一乾二淨。

比如左圖中的貓步（圖20），在收後腳時，兩腳幾乎貼到一起，這樣做的結果，莫說圓襠，連最起碼的開襠都沒有做到。正確的做法是，收腳時，兩腳間至少保持大半腳的距離。

第二，只有縱開，沒有橫開

許多人練貓步，向前的步子邁得挺大，但是橫開的角度太小，甚至沒有，開步變成了大步走路。

這樣的練法，對於加強髖關節的側向運動、拉開恥骨聯合的功效微乎其微。

第三，八字步、丁字步

開步時腳尖向外撇，叉著腿走，這樣的練法，後襠是開不了的。有人會問，襠也分前後嗎？當然了，就像小孩子穿的開襠褲，你見過只開前襠的開襠褲嗎？在日常生活中，90%的人走路是外八字，所以前襠常開而後襠常閉。

在練拳的過程中，我們就要由兩腳平行，甚至內八字來打開後襠。

最後需要提醒一點，上面的錯誤步法，不但向前走的貓步中有，倒步時如倒捲肱也存在同樣的問題，練拳時不可不注意。

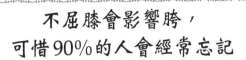

不屈膝會影響胯，
可惜90%的人會經常忘記

有人可能會問：練太極拳不是半蹲著嗎？不屈膝，怎麼練？

這裡說的不屈膝，指的是一條腿挺直，兩條腿如果都不打彎，就沒有討論的必要了。

為什麼要屈膝呢？

第一，只有屈膝，才能保證腿上的掤勁、纏絲勁不丟。如果把腿繃直，二勁盡失，練功的效果要大打折扣。

第二，只有屈膝才能鬆胯，屈膝鬆胯是練太極拳的一個基本要求，屈膝不一定鬆胯，但不屈膝，胯一定不會鬆。

第三，不屈膝，就會「頂」，不丟不頂是練太極拳的重要原則，股骨、脛骨、腓骨排成一線，像頂門槓一樣頂死髖關節，身法失去了靈活性。也許有人認為不丟不頂是推手的要求，其實不然，道理很簡單，練拳的時候就是錯的，推手時能對嗎？

其實，屈膝的要求大家不是不知道，只不過，大多數人一不留神就會忘記。

那麼，這個「神」什麼時候最容易「一不留」呢？

開大步時

開步大，腿部承受的力很大，所以，人會本能地尋找最省勁的姿勢，把腿繃直最符合這一要求。（圖21）

圖 21

移動重心時

在移動重心的過程中，有人為了追求虛實分明，會移得比較多。這時，虛腿就容易出現不屈膝的狀態。

圖 22

上半身轉動時

在練拳的過程中，轉動上半身時，下半身宜微動，有些拳友轉體角度過大，膝蓋就容易出現繃直的狀態。（圖 22）

向前方上步時

向前方上步時，前
腿繃直落地和屈膝落地，
後腿承受的力度是不一樣
的，很多人會兩「害」相
權取其輕。

收腿時

收腿時，腳蹬地借力
是很多人的無意識行為，

圖 23

而蹬地時，膝蓋一定是會繃直的。（圖23）

現在，你可以站起來檢驗一下，5種狀態是不是全部
做到了屈膝。

如果歸納一下，你會發現，上面列舉的幾種不屈膝狀
態，除了第3條，剩下的幾條都是因為「偷懶」造成的。
當然，這種偷懶不是說練拳者主觀上有懶惰思想，而是在
日常生活中養成的「壞」習慣，不自覺地帶到了拳中。

那怎麼改呢？很簡單，反其道而行之：怎麼費勁怎麼
來。

當然，有一個原則要把握好，那就是一定要「高
傲」，屈膝卻絕不下「跪」。

開胯練丹田氣，
一定要注意這個細節

差之毫釐，謬以千里。

用這句話來形容太極拳動作誤差與效果的關係，極為恰當貼切。

許多拳友練拳找不到感覺，胯始終打不開，根本原因是疏於對細節的苛求。比如：重心到位再收腳。什麼意思呢？

舉例說明下：比如金剛搗碓上步時，重心先移到左腳，然後收右腳提腿上步……許多人都會說：對啊，我就是這麼練的。

現在，請你拿起手機，錄下視訊，然後仔細觀察。你會發現，絕大多數人的重心是沒有完全移到左腿，然後再收右腳的，多是重心移了一多半，就用右腳蹬地借力上步。（圖 24）

圖 24

這樣做有什麼問題？影響開胯！

重心完全移到位再收腳，可以最大限度地把大腿根撐開，起到拉筋開胯的作用，而蹬地借力，是一種不自覺偷懶，會大大削弱開胯的效果。不但如此，蹬地還會導致重心不穩。

知道了蹬地借力的弊端，如何改正呢？這還不簡單：不蹬地不就行了！

蹬地借力，是我們在幾十年的日常生活中養成的省力習慣，說改就改，哪有那麼容易？

據說，前輩們在練拳時為了改掉這個毛病，曾經想了很多辦法，比如腳底抹油——當然，這是歇後語，沒人這樣練。

但是，有人在地上撒豆，黃豆、綠豆、青豆不限，然後站在豆子上練拳，只要不怕摔，儘管蹬地。

除此之外，還有一種方法，北方的拳友可以嘗試一下，那就是在冰上練（友情提示：金剛搗碓就不要震腳了，掉到水裡老六概不負責）。

上面的方法雖然有可行性，但是有很大的局限性，要嘛浪費糧食，要嘛有墜河墜湖的風險。

最好的方法是什麼？

在鬆軟或濕滑的土地練——蹬沒蹬地，一目了然。

改正蹬地借力的習慣非一朝一夕之功，要先從高架小步開始，逐漸養成習慣。

對於較大的步幅，不要追求一步到位，從儘量多移重心開始，1公釐1公釐地推進。

　　最後，還要提醒大家，如果做不到以下4點，即便是沒蹬地，效果也會大打折扣：

　　1.身體不能大幅傾斜，尤其是前後開步時，切忌收腳如泥地拔蔥。

　　2.在重心未到位之前，腳底任何部位不能離地。

　　3.任何時候，腿不可繃直。

　　4.移動重心的過程中，雙腳不能撐搓，尤其要注意虛腳的腳尖不能裡扣。（圖25）

圖 25

高效實用開胯方法匯總

太極拳套路中包含各種方向角度的開胯運動，嚴格按照規範練習，開胯指日可待。那如何操作呢？

定腳固膝

胯不開，第一個元兇是膝和腳太活，許多人練拳時搖來晃去，膝和腳格外「勤快」，動個不停，結果導致胯消極怠工。

限制腳和膝蓋的活動範圍，可以迫使胯上各關節加大活動範圍。所以，固定腳和膝蓋是開胯的第一原則。

那麼，腳如何固定呢？按陳照奎前輩的說法，就是腳落地生根，不擰搓，不拔根（腳後跟離地），不喝風（腳兩側離地）。

不明白？找瓶502膠水，把腳黏到地上體會一下。

那麼，膝蓋如何固定呢？要向外微微撐住，時刻保持圓襠狀態（請注意，這裡說的固定，不是完全不動，在保持圓襠的狀態下微動）。

重心多移

所謂重心多移，就是身體重心在兩腿之間移動的範圍盡可能大一些。

為了便於理解和操作，假定重心就在襠部。所以，重心多移也可以稱之為襠要多移。

多移就能開胯嗎？當然！多移一分，胯的活動範圍就大一分！跟壓腿的原理是一模一樣的。

那怎樣才算多移呢？老六曾提出一個標準，如果襠在兩腿之間的移動範圍超不過10公分，就不合格。

超過10公分，就算多移了嗎？不算！只能算及格。還要繼續移！

移到頭，移不動了，算多移了吧？不算。因為你還沒有盡全力！

怎樣才算盡全力？移不動了，再使一點勁，把襠往前再送一點才算盡力了。

移到這份上，算到位了吧？還不算！因為移的過程還沒有結束。

重心到位以後，要放鬆下沉。在這個過程中，99%的人都會不自覺偷懶，偷偷把重心回撤一些——這樣做，大腿肌肉會舒服一點。

舒服是舒服了，勝利果實損失殆盡！

所以，只有多移之後襠不回撤，垂直下降，才算真正地多移！別急著高興，如果沒有恪守下面這個原則，所謂的多移只是一種假象。

什麼原則呢？就是襠走如行船，儘量走直線，不能原地轉。

前文提到，只有腳和膝蓋固定住，胯才能拉開。如果腳和膝蓋亂晃亂擰，腰胯就會在原地打轉。動作看著挺誇張熱鬧，開胯的效果其實很差，還會導致膝蓋受傷。

襠的運行接近直線，是定腳固膝的結果，著重強調一

下，是為了上個雙保險。

除了上面的要求，還有兩點要注意：

第一，立身要中正，只有立身中正，才能保證胯在各個方向的活動範圍最大，開胯的效果才好。所以在多移重心時，身體不能前俯後仰，左右歪斜，尤其是向後移時，不能彎腰撅屁股。

第二，要貫穿始終，太極拳的所有要領，都不是對某招某式的要求，而是所有的動作都要遵守。

該講的都講完了，你是不是明白了呢？

還不太明白？找個遊樂場吧。一定要找有海盜船的那種。放心！不需要花錢，你就站在海盜船旁邊看別人嗨就行。

把海盜船想像成我們的襠——

第一，它永遠走下弧，絕不走上弧。

第二，它只沿著下弧線走，從來不拐彎，不原地打轉。

第三，每一次都努力地向上多衝一點。

注意襠的動線

參見前文《襠運行的秘密，動線很重要》。

走弧不見弧

參見前文《襠運行的秘密，動線很重要》。

橫向開步腳要齊，縱向開步要注意角度

左右橫向開步時，兩腳尖要在一條直線上（說兩腳跟也行，只是沒有腳尖方便觀察），這是為什麼？

見過螃蟹爬行嗎？如果螃蟹要開胯完全可以無視這一條。

在日常走路時，我們都是向前邁步，所以髖關節在前後方向上的活動已經不少了，所以在練拳時要刻意加強有左右（橫向）方向的活動。

前後開步也是同樣道理，一定要有橫開角度，控制在35度到50度之間比較理想。

拳架適度放低

從理論上講，架子越低，髖關節的受力和活動範圍也會越大，可以促進開胯。

但是，採用這種方式有一定風險，一是容易傷膝蓋，二是容易把胯頂死。所以，低架要握好兩個原則：一是臀部不能低於膝蓋，二是固膝定腳。此外，年齡大的、腿有問題的，就不要練低架了。

貫穿始終

這也算一條？對！而且，是最關鍵的一條。

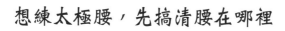

想練太極腰，先搞清腰在哪裡

八卦步，形意拳，太極腰，想必拳友都聽過。

「以腰為軸」「腰為主宰」「腰為驅使」「命意源頭在腰隙」「刻刻留心在腰間」……毫無疑問，腰是太極拳理論界的寵兒。

腰在哪？多數人第一時間想到的，是「命門」的位置。這個答案不能算錯，但後面是腰，左右兩側就不算嗎？

《現代漢語詞典》對腰的解釋是：胯上脅下的部分。這個答案，顯然更容易讓人想到左右側腰。分這麼清，有必要嗎？有！如果分不清，腰的要領就無法領會和運用。

腰的要領不算太多，概括起來也就鬆腰、活腰、以腰為軸、塌腰等幾個。講鬆腰活腰的文章比較多，剛好也不是老六的強項，略過。以腰為軸不用解釋，略過。塌腰不好講，所以……不能略過！

陳氏太極拳比較強調塌腰，但，塌腰絕對不是陳氏太極拳所獨有的。什麼是塌腰？老六見過的觀點有三類：腰向前凹、向後凸、向下沉。哪個對？

《現代漢語詞典》對塌的解釋是：①（支架起來的東西）倒下或陷下。②凹下：～鼻梁。③安定；鎮定：～下心來。

由此看來，向後凸顯然是錯的。剩下凹和沉。沒錯！塌腰就是向下凹和沉。只不過，凹、沉的部位不是後腰，

圖 26

而是左右側腰。具體的動作要求是，向裡收，向下沉。
（圖26）

　　與塌腰的要領相類似的要求還有一個——束肋。怎麼
個束法呢？想想粽子是怎麼個捆法吧。束肋、塌腰有什麼
作用呢？斂氣下沉於丹田。

　　再講一個用腰的秘訣（這裡的腰指的是後腰）。

　　老六曾經在公眾號寫過一篇文章《逢轉必沉是氣沉丹
田的秘訣，可惜99％的人沒練對》。許多拳友反映，道理
易懂，但在實際運用中經常會忘記。如果恰巧你也是這種
情況，就把意念放在腰上吧——每個動作都用腰去推動肢
體，試試有什麼效果。

　　最後鄭重提醒大家：腰固然重要，但它在太極拳中的
地位和作用遠遠沒有想像得那麼神奇（這也是陳氏太極拳
重塌腰、不重鬆腰的原因所在），所以沒有必要在腰上花
費太多的精力。只有把胯和丹田練好，才有機會衝刺太極
拳的巔峰。

含胸拔背的技巧

含胸拔背是太極拳一個非常重要的要領。

含是鬆，為陰；拔是緊，為陽；前陰後陽，所以說它們是「兩口子」。

為什麼要含胸拔背？

楊澄甫大師在《太極拳術十要》中說：「含胸者，胸略內涵，使氣沉於丹田也。胸忌挺出，挺出則氣擁胸際，上重下輕，腳跟易於浮起。拔背者，氣貼於背也。能含胸則自能拔背，能拔背則能力由脊發，所向無敵也。」

如何做到含胸拔背？

含胸就是兩肩微微向前向裡扣，這個要領在靜止的時候容易體會，然而一旦動起來，大多數人就會忘到太陽系外。

拔背是什麼意思呢？

就是背部中心向後凸，周邊都向前收。如果不理解，就想想龜背吧。

注意，有一個認識上的誤區：許多人認為，拔背是命門後突，脊柱對拉拔長，這種認識不能算錯，但是不全面、不精準。拔背是為了後緊前鬆，氣聚丹田，而單純的脊柱對拉並不能達到這樣的效果。

含胸相對簡單，不再囉嗦。

如何拔好背確實有些難度。

其實，背拔得如何，主要看上肢。由於各家太極拳動

作五花八門，尤其是手臂，更是千姿百態，所以老六只能提一些原則性的意見。

1. 在90%的情況下，手高不過眉，低不過丹田。

2. 在95%的情況下，肘和手不能超過身體側面，跑到身後。

3. 兩肘距離越近，脊背越緊。

4. 兩臂肌肉越緊（如陳氏太極拳的逆纏絲），脊背越緊。

最後，還要強調一下：拔背不是目的，是檢驗上半身動作正確與否的一個指標。背拔得好，胸就含得好；胸含得好，就能讓丹田當領導；以丹田為核心，氣才願意團結到丹田中央，從而實現氣沉丹田和丹田內轉。

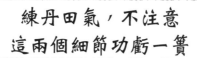

練丹田氣，不注意這兩個細節功虧一簣

「挺胸！抬頭！目視前方！」

當過兵或參加過軍訓的人，對於這些口令應該不陌生。

日常生活中，保持這樣的姿勢，人顯得挺拔、精神，但是，在練太極拳的過程中，如果還這樣「端」著，就有問題了。

什麼問題？

會導致胸、腹部發緊，氣沉不到丹田！哪怕其他動作再到位，只要昂頭挺胸，便會功虧一簣。許多人感受不到丹田氣感和丹田內轉，就是這個原因。

在長期的教學實踐中，老六發現，昂頭挺胸並不是個別現象，只是許多人並不自知。

如果你練拳一年以上丹田仍然沒有氣感，不妨拍段視訊自檢一下。

如何改正呢？

解決挺胸的問題很簡單：打拳時，雙肩略向前裏含，有一個檢驗的小竅門：如果含著胸，衣服會貼著後背。

昂頭解決起來有點麻煩，介紹幾個辦法吧（聲明：酌情試用，後果由本人承擔）。

第一個：找一根竹籤兒，打拳時，用膠帶黏在後脖領正中間，尖兒要頂著風府穴——這根籤絕對是一個合格的

監督員，不信你昂頭試試。

第二個：買一盒火柴（估計不太好買），打拳時候用下巴夾住，不讓它掉下來。

缺乏娛樂精神、怕麻煩的拳友，就採用第三個辦法吧——用視線來調節。

怎麼調呢？

練拳時目視前下方。

前下方是哪個地方？

盯著50公尺外的地面，視線好比汽車的遠光燈，照得再遠，也得照到地面上，不能朝天上照。

第四個辦法：藉助外力，這個最簡單，就是請一位有經驗的老師或拳友盯著練。

只要願意動腦子，辦法有很多。

丹田內轉，平圓變立圓的訣竅

丹田內轉有三種形式（圖27）：

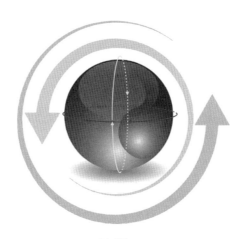

圖 27

第一種是左右轉，也就是在水平面上旋轉，也叫平圓。

第二種是垂直於地面的旋轉，即所謂的立圓。

第三種是複合型萬向轉，也就是平圓立圓混合在一起，形成一個可四面八方旋轉的球體。

丹田內轉的三種形式，也可以說是三個層次，因為它們的難易程度是不同的。

大多數人最早感受到的是平圓。

這是為什麼呢？丹田旋轉是由肢體的運動引發的，肢體運行的軌跡路線與丹田運轉的方向是一致的。換句話

說，有什麼樣的動作，就有什麼樣的丹田運轉。

之所以最容易感受到丹田左右旋轉，是因為我們在練拳的時候腰、胯、肢體左右轉最多，活動範圍最大。

許多人在體會到左右轉的感覺後，會不斷地由動作來加強，加強的結果有兩個：

一是左右旋轉越來越強烈；

二是不惜篡改動作，把練丹田前後旋轉的動作，練成左右旋轉。

這樣做的結果，只會停留在第一個平圓階段，很難再提升。

影響丹田旋轉從平圓升級到立圓階段還有一個原因：不好看！

直接練丹田立圓，動作不符合大眾的審美。不但如此，在高手看來，不合太極拳的規矩。

第一，丹田前後旋轉要求胸腰呈波浪形運動，動作幅度大的話就成了「水蛇腰」。

第二，容易造成重心的起伏。

第三，易聳肩，氣上浮。

立圓這麼難練，跳過去直接到第三層複合旋轉，行不行？不行！

複合旋轉是平圓和立圓的綜合，想跳過第一、第二個層次，直達第三層，和蓋樓只蓋第三層是一個道理。

有沒有好的方法，既能練好立圓，又能避免上面的弊端呢？有！

首先，你要區分套路中哪些動作練平圓，哪些動作練

立圓，哪些動作是練複合旋轉的。怎麼區分呢？

看步法：大多數情況下，左右開步是平圓，前後開步是立圓加複合旋轉。當然，有些拳種左右開步也走立圓，不可教條主義。

其次，區分完之後，先默記在心裡，不要管動作是練平圓還是立圓，先把丹田轉起來再說。在這個階段，就是把練立圓的動作變為練平圓也無所謂。

等到丹田平轉的感覺比較明顯之後，就要對動作進行調整，逐步向立圓靠攏。怎麼調整呢？

請記住這句話：步斜身須正，雙臂前後動。什麼意思呢？

步斜身須正：意思是向前向後開步時，雖然步子是斜向的，但胸腹要面朝前方或基本面朝前方。

雙臂前後動：雙臂要在身體側面畫圓，不可在身體前方畫圓。

只要按這兩個要領去做，慢慢就能體會到丹田前後旋轉的奧妙了。

逢轉必沉是氣沉丹田的秘訣，可惜99%的人沒練對

許多拳友都知道「逢轉必沉」。

乍看起來，簡單明瞭，易學好練。但是，當你做完下面的這道算術題，恐怕就不會這麼認為了。

請聽題：小明練太極拳，老師要求逢轉必沉，套路總計72式。

問：小明打完一套拳，重心要下沉多少？答……沒法答！因為給出的解題條件不夠充分，至少還需要兩個條件：1.每式轉幾次？2.每次沉多少？

看來出題的人在故意為難我們！

關注「六月丹田轉」公眾號的拳友們都有旺盛的求知欲，能被這點困難嚇倒嗎？

沒有條件，創造條件也要解！

假設每一式要轉1次（實際不止1次），每次下沉5公釐（幾乎看不出來）。

累計下沉的幅度是：5×72＝360（公釐），36公分，也就是說，最保守的估計，從起式進入半蹲狀態，一套拳打完，幾乎坐到地上了！

居然會是這樣！有人可能會反駁：不對！逢轉必沉，是「轉」的時候才沉，不「轉」的時候身體要起來。這樣練的話，問題又來了，身姿忽高忽低，豈不是與重心平穩的要求相悖？

左也不對，右也不對，逢轉必沉的要求究竟有沒有道理？

我們一起來分析一下。為什麼要逢轉必沉？

在回答這個問題之前，我們先來明確一下「轉」的概念。

轉，可以理解為轉關，就是改變運動方向。從外形上看，是上半身的轉動（手臂的轉關暫不討論），其實，每一次轉，不是開步的前奏，就是為了重心在兩腿之間倒換。

偷懶是人的天性，打拳時半蹲著很累，所以，在轉的時候，人往往會不自覺地借機站起來，稍微休息一下。如果用四個字概括，就是「逢轉易起」！

而太極拳要求自始至終重心平穩，不能起伏，所以，「逢轉必沉」就被提了出來，專門用來對付「逢轉易起」。

為什麼重心要平穩？

這樣可以保證下盤的穩固。保證髖關節持續抻拉受力，確保開胯的效果。實現上虛下實，調動內氣向丹田彙聚。

怎麼沉？逢轉必沉，是身體重心的下沉，一般情況下，老師會要求學員沉胯。

透過長期的教學實踐，老六發現，相對於沉胯，把注意力放在臀部，用臀部下墜或下坐的指令更容易讓學員理解和執行。所以，老六建議大家費點勁，把注意力從胯再向下移一點，放到臀部。

逢轉必沉的普遍規律分享給大家：身體向左轉，要沉右臀；身體向右轉，要沉左臀；左腿開步，沉右臀；右腿開步，沉左臀。

沉多少？

回答這個問題之前，先講一個禪宗公案。

什麼是公案？

解釋起來太麻煩，你就當成和尚鬥智的故事來看吧，說是故事，其實就是兩問兩答：

有人問慧輪禪師：寶劍未出匣時怎麼樣？

慧輪說：不在外面。

又問：出匣以後怎麼樣？

慧輪說：不在裡面。

這是一個非常經典的機鋒對話，慧輪禪師的回答看似廢話，其實蘊含著禪機。

因為，否定的表述更為準確，「在裡面」就是在裡面，而「不在裡面」卻未必就是在外面。那既不在裡面，也不在外面，在哪裡？長翅膀飛走了……

如果沒看明白，也不要費心去琢磨了，參禪悟道不是本文的主旨。講這個故事，是想告訴大家，其實逢轉必沉這種肯定的表述存在瑕疵。

那更為準確的表述是什麼？

應該參照禪宗否定到底的答題風格，將逢轉必沉重新定義為：逢轉不起。不起，有兩個可能：一是下沉，二是不起也不沉，穩如泰山！

在實際操練時，老六傾向於後者。因為，身體穩定，

在重心轉換的過程中，只要直線移動，就不會再有重心起伏的煩惱。

有的拳友一時可能轉不過彎，那也沒事，非要逢轉必沉也不是不行，每次沉個0.00001公釐完全沒有問題！

逢轉必沉（不起）對於氣沉丹田有莫大的功效，只不過，這樣練有一個「副作用」——腿會非常累。外形上沒有多大變化，但是會感覺運動量增加了不少。咬咬牙，適應一段時間，然後等著收穫苦盡甘來的喜悅吧！

最後，還要提醒大家的是，沉的時候一定把膝蓋固定好。切記！

身體要練成環

究竟要練成什麼樣，太極拳才算練對了？

今天廣開言路，請各界人士發表一下意見：

武術家：達到陳王廷、楊露禪等宗師的水準算對！

武俠迷：練到張三豐的境界就對了！

武癡：天下無敵才算對！

教練：動作和我一樣就算對！

比賽愛好者：能拿獎，算對！

格鬥「狂人」：打得過我，就算對！

病人：身體練好了才算對！

哲學家：怎麼練，都算對！

高僧：本無對錯，何來此問？

這個問題，仁者見仁，智者見智。令人抓狂的是，大家的說法貌似都有道理。是不是就沒有標準答案呢？還真是。那討論這個問題有什麼意義？

對於高手來說，確實沒有太大價值，對於新手和未入門者來說，意義重大！有一個基本的規範，可以讓學拳者更快地入門！所以，我們必須回答這個問題。

拳究竟練成什麼樣才算對？最有價值的答案是：把身體練成「環」！什麼環？圓環，準確地說，是圓環的一段。（圖28）

這個答案不是老六的研究成果，它是陳鑫前輩的精妙總結，大師曾有詩云：「果然識得環中趣，輾轉隨意見天

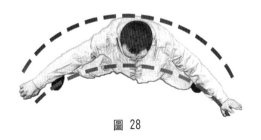

圖 28

真。」

　　什麼意思呢？果然見識到環裡很有趣，滾來滾去發現裡面有個天真（的小孩）？這種直譯法，估計會招來不少板磚。

　　老六琢磨，這兩句詩的大意是：能夠理解環中的奧妙，便能在運轉自如中領悟太極的真諦。

　　練成「環」，就是陳鑫前輩對我們的殷切希望！練成「環」有什麼好處呢？只有練成「環」，才能真正做到前陰後陽，含胸拔背，胸腹放鬆，氣聚丹田。操練日久，才能體會到什麼是氣貼脊背。

　　這個答案是不是唯一呢？肯定不是。是不是最優答案呢？也不一定。但它一定是最有用的答案。

　　因為它能滿足三個條件：可見、可操作、有普適性。它不能讓你坐電梯直達太極聖殿，但能讓你不偏離正軌。

　　最後，講兩個練成「環」的關鍵點吧：

　　第一，任何時候，肩一定向前微扣。

　　第二，95%的情況下，肘和手不要跑到身後去。

以身領手有三層，看看你在哪一層

太極拳以身領手的要求，從字面上看，是要求身先動，手後動。

這樣的理解當然沒有問題。但老六認為，如果想練好太極拳，對這句話的解讀應該加以細化和昇華。

身，不能理解為軀幹，而應定義為腰胯。

手，要理解為腰胯以外的部分，包括腰以上的軀幹和四肢。

依據何在？腰胯是人體的樞紐，承上啟下，胯是丹田的搖籃，內氣的府庫，勁力的源頭，所以無數宗師都把它捧到了天上：以腰為軸、腰為主宰、命意源頭在腰隙……

為什麼要以身領手？練太極是一個收攝心神、返璞歸真的過程，目標是建立以丹田為核心的運動體系，周身上下內外所有的動作都由丹田來統領完成。但是，我們在後天的生活中，會逐漸養成一些「壞習慣」：

注重肢體的肌肉力量，四肢（尤其是上肢）活躍主動，自行其是，從而「架空」丹田。

太極拳正是由特定的訓練方法，抑制四肢的衝動，改變後天的運動習慣，恢復丹田的「核心」地位，而以身領手是一種有效的訓練方法。

要做到以身領手非一朝一夕之功，需要分階段進行，在不同階段，有不同的要求。概括起來，大致可以分為三個階段。

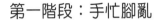

第一階段：手忙腳亂

練拳初期，由於日常生活中養成的習慣一時難以改正，所以手腳會比較主動，往往是腰胯未動，手臂已一騎絕塵，不見蹤影。

在金剛搗碓上步撩左掌、懶紮衣打開右臂等動作上表現得尤為明顯。出現這些問題不必緊張，因為隨著動作的熟練，腰胯主動的時候會慢慢增多。

【練功要點】手臂運動範圍要大（注意不要跑到身後），重心移動的幅度要慢慢加大，如果練的是陳氏太極拳，要注意逆纏要到位。

第二階段：風擺楊柳

當八成以上的動作都能做到以腰胯統領的時候，就進入了第二個階段，此時，丹田會產生萌動的感覺。腰胯在名義上是「皇帝」，其實指揮權已經在暗地裡進行交接，丹田逐漸開始「垂簾聽政」。

在這一階段，肢體由妄動向丹田氣催動過渡。由於內氣流動的感覺太過美妙，所以許多人會沉浸其中不願自拔，為了強化這種感覺，會不自覺地加大動作的幅度，主要表現是上半身搖晃，抬肩，加大雙手逆纏絲的幅度，拉大腰胯與肢體（主要是手臂）運動的時間差。

搖晃、抬肩、逆纏好理解，拉大時間差是什麼意思呢？就是腰胯動了之後，手臂沒有立即隨動，而是滯後半秒、一秒再動。在外形上看，就像柳枝隨風擺動，又像撥

浪鼓，軀幹像鼓，手臂像兩個帶線的小鼓錘，最典型的動作是白鵝亮翅前半段。

第二階段是典型的「溫柔鄉」，許多人沉浸其中，樂不思蜀。

其實，能有這種感覺已屬不易，如果沒有更高層次的追求，這樣練下去問題不大，最起碼踏進了太極拳的門檻。

如果還想提高，就要認識到「風擺楊柳」的弊端：雖有氣感但比較散亂，而且不會老老實實待在丹田，會時不時竄到上腹甚至胸口處去添堵。

【練功要點】當80%以上的動作能感覺到與丹田聯動的時候，不要太在意丹田的感覺，減少身體搖晃的幅度，沉肩，儘量做到肢體丹田隨動，縮小時間差。

第三階段：身手一家

在第二階段的末期，丹田已經從幕後走向前臺，完全掌管「軍政大權」，號令天下。丹田一動，周身皆應；丹田不動，百骸皆靜。

此時，若想再上臺階，就要有壯士斷腕的決心了。斷什麼「腕」呢？必須放棄第二階段的舒爽感覺，讓丹田「復歸於靜」。靜，不是完全不動，而是處於似動非動的狀態。要嚴格控制肢體的衝動，與丹田運轉保持高度同步，不得有明顯延誤。

此時的拳架，周身渾然一體，肢體張弛有度，鬆靜自然，沒有絲毫造作之態。也只有在這種狀態下，才能真正

實現經絡貫通，一氣周流，向周身一家、渾然一體的至高境界進發。

【練功要點】對抗舊有的習慣，嚴控丹田運轉的幅度；不搖、不晃、不偏、不倚；肢體與丹田的運動時間差要縮短，但不能矯枉過正，避免手又跑到丹田前面絕塵而去，非要給個具體方法的話，手比丹田滯後0.00001秒吧！

三個階段講完，新的問題又來了：是不是所有人都是從第一階段再到第二、第三階段呢？

當然不是！一、二、三是普遍規律（其實許多人倒在了第一、第二階段），特例還是有的，有人會跳級，從第一直接到第三。跳級很美好，但並不適合大多數人。

因為，第二階段的誇張動作有助於開胯和盤活周身的關節，加大內氣的流量，使得練拳者體會到明顯的氣感，從而保持興趣，獲得堅持下去的動力。

而從第一直接到第三階段需要兩個重要條件：

一是你有一個拳技高超的好老師；

二是你對這種練法堅信不疑，能耐得住丹田暫時無感的寂寞。

平面太極拳，丹田不成「球」，你練對了嗎

太極拳不都是立體的嗎？怎麼會有平面的？

老六所講的平面和立體，另有含義。

所謂平面拳，指肢體的掤勁局限於二維空間，即在水平和垂直方向上有（面對面觀察），前後方向不足，外形上表現為水平、垂直方向動作幅度大，前後幅度小，如同風車一般（當然，也有個別人是水準方向足，前後、上下不足）。

所謂立體拳，就是所有方位掤勁十足，身體如球。具體表現：

右腳應開
到這裡　　橫向間
　　　　　距過小
圖 29

平面拳

下肢：向前或向後開步時，縱向幅度夠，橫向幅度小，甚至沒有。（圖29）

手臂：水平、垂直方向動作範圍大，而向前的量很小。（圖30）

（正視圖）　　　（俯視圖）　　　（俯視圖）

圖 30

背部：向後撐、掤的力量不足，也就是沒做到拔背。

立體拳

下肢：縱向、橫向幅度正好。

手臂：水平、垂直、向前的掤勁均衡，始終如懷抱氣球（見圖30）。

背部：始終拔背。

看到這裡，許多拳友或許已經明白了。但是，明白歸明白，丹田無感的朋友是不容易看出平面和立體的區別的。

為什麼？絕大多數人看拳，都是從正面看，從這樣的角度看，很難發現演練者在前後方向的動作幅度是否到位。

怎麼辦？從側面看（從上面看也行）！

舉個例子：圖29是一個雲手的動作，可以看到左手

向左、向下的幅度過大，向前的幅度不足。

探討平面拳和立體拳有什麼意義呢？

太極拳以外形引動內氣，有什麼樣的外形，丹田就會產生什麼樣的運動。動作局限於平面內，丹田就是一個「餅」。動作是立體的，丹田就是一個可以四面八方旋轉的「球」。

是「餅」怎樣？是「球」又如何？必須承認，無論是餅狀還是球狀，都比丹田無感層次要高。但是，平面拳是有很大局限性的。

首先，從健身效果上講，內氣在體內循環不到位。

其次，對於技擊而言，只能在水平或垂直方向上發勁（事實上一般只有水平方向），在前後方向上（胸腰折疊）就有些力不從心，甚至完全發不出來。

太極拳的高級技擊境界——「周身無處不是拳，挨到何處擊何處」，就是丹田呈球狀，可以朝任意方向旋轉的結果。

那麼，怎麼樣才能練好立體拳呢？

由於各家拳法招式差異太大，只能提幾個參考意見了：

第一，前後開步時要均衡，尤其是橫開的幅度一定要有。

第二，手的運行範圍，把握一個原則：高不過眉，低不過丹田。

第三，手在身體前方運行時，一定要向前加掤勁。

第四，時刻注意拔背。

身備五張弓，真把它當弓，你就錯了

練太極拳要身備五張弓。這個說法在太極拳界廣為流傳，被諸多練拳者奉為圭臬，這句話出自何處呢？這是武氏太極傳人郝少如先生在《引進落空，借力打人》一文中提出的一個觀點。

郝先生說：「一身須俱備五張弓，才能做到蓄勁如張弓，發勁如放箭。」但是五張弓具體指什麼，郝先生並沒有詳細解釋。

不解釋不要緊，太極拳從來不缺理論家，百度百科是這樣介紹五弓的：即身弓、臂弓或稱手弓（左右）、腿弓或稱足弓（左右）。

身弓，以腰為弓把，閥門（第一節頸椎）和尾閭骨為弓梢；

臂弓，以肘為弓把，鎖骨與手腕為弓梢；

腿弓，以膝為弓把，胯骨與足跟為弓梢。

五弓以身弓為主，臂弓、腿弓為輔。

上個圖示意一下（圖31）：

身上弄五張弓幹什麼用呢？

郝先生說了：射箭！可是，這箭其實沒法射！為什麼？缺了一個重要的零件——弓弦！姜子牙可以無鉤垂釣，不知道能不能玩無弦射雕？

有朋友可能會說：「老六，你太較真了，五弓只是一種比喻，不要用實體來對應。」其實老六明白這個道理，

圖 31

相信大家也都心知肚明。

老六就想問：既然是比喻，不可拘泥於實形，那麼諸多五弓解讀文章將弓背、弓梢的詳細對應位置一一說明，卻不提弓弦在哪，是什麼意思呢？沒意思！

老六在公眾號《不會轉丹田，我們寧可不練太極拳》一文中提到，中國文化的一個典型特點就是模糊，而太極就是模糊的源頭。所以，太極拳的許多理論、說法只可意會，萬不可較真和具象化。

太極拳身負彎弓的說法，《陳式太極拳圖說》作者陳鑫先生也提過，他是這樣說的：「擊首尾動精神貫，擊尾首動脈絡通，當中一擊首尾動，上下四旁扣如弓。」——先生只說了上下四旁扣如弓，根本就沒有弓背、弓梢、弓弦的事！

郝先生在文章中也沒有詳談五弓，因為他明白「道可道，非常道」。

　　那麼，五弓的說法該怎麼理解才算可靠呢？

　　其實就是周身掤勁不丟，做法是臂、腿和背要像弓一樣，保持一定的弧度和張力，不可呈直線。五弓的說法把這個概念形象化，便於大家理解，至於哪裡是弓背、哪裡是弓梢，就不要浪費腦細胞去想像了。

　　四肢弓非常好理解，需要特別提醒大家的是，最重要的一張弓是身弓（背弓），千萬不要被「理論」所迷惑，將之理解為脊柱為弓。

　　那應該怎麼理解？應該把整個後背都想成弓，都要繃緊，唯如此，才能做到拔背，才能體會到「牽動往來氣貼背」的奧妙。

升級你的太極拳，必知「三先」

所謂三先，是指腿在身先，身在手先，胯在腰先。

身在手先：身動在先，手動在後，以身領手。

腿在身先：開步時，腿腳為先鋒，重心後移動。

胯在腰先：胯先動，腰後動。

有的拳友可能會有疑問：太極拳不是要求一動皆動，周身一家，渾然一體嗎？怎麼能分先後？老六是不是糊塗了？

老六沒少喝「糊塗」（玉米麵粥），但一點都不糊塗。這兩種說法其實並不矛盾。

「三先」是練習方法，是渡河之舟。「周身一家」是太極拳的終極目標，是幸福的彼岸。

練太極是一個收攝心神、返璞歸真的過程，目標是建立以丹田為核心的運動體系，周身上下內外所有的動作都由丹田來統領完成。但是，我們在後天的生活中，會逐漸養成一些「壞習慣」，注重肢體的肌肉力量，四肢（尤其是上肢）活躍主動，各行其是，目無「領導」，從而「架空」丹田。

太極拳正是由特定的訓練方法，抑制四肢的衝動，改變後天的運動習慣，恢復丹田的「核心領導」地位，而「三先」就是一種有效的訓練方法。

「身在手先」在之前的文章有過講解，不再過多解釋，重點說說「腿在身先」和「胯在腰先」。

為什麼「腿在身先」？

只有腿腳先到位，才能保持身體重心的平穩，對丹田形成穩固的支撐，減少斷勁和丟勁，確保上半身的動作高品質地完成。

所以，練太極拳開步時腿腳要輕靈先行，落穩踏實後再移重心（其實，練到一定階段後，在開步時人會不自覺地使用丹田和腰胯去催動雙腿，看似腿腳在先，其實還是胯動在先）。

為什麼要做到「胯在腰先」呢？

在太極拳理論中，腰是當之無愧的明星，對腰的描述和運動方式的講解更是車載斗量。

事實也的確如此，鬆腰、活腰、扭腰、轉腰確實能使腹部更快地產生氣感，對於太極初學者而言，以腰為驅動是捷徑。但是，老六每每會跟學員強調：這是一個階段的練法，習慣腰先動，會導致腹部氣團位置偏上（超過肚臍），而氣團應該在肚臍下小腹內運轉（位置大概在氣海穴到中極穴之間），只有做到胯腰同步，才能使氣團不斷沉降。

有心的學員可能會問：做到胯腰同步不就行了，為什麼強調胯在腰先呢？

是這樣的：習慣用腰的人，只要一動就會先扭腰，老師總不能天天掰著胯校正。所以，只能讓學員把意念放在胯上，強調胯先動，而胯是不可能單獨動的，只要胯先動，腰必隨動，從而實現了腰胯同動。

最後，需要說明兩點：

　　第一，「三先」的練法其實是一種「矯枉過正」，就像我們校直一根木棍時，一定要向相反的方向多彎一點。這樣等外力消失時，它才能恢復筆直的狀態。一步到位往往不能完全校直。

　　第二，「三先」練法適合具備一定基礎的拳友，這個基礎指的是什麼呢？依老六的經驗，是丹田有點氣感。

　　初學者按這個標準去練行不行呢？也可以，但是，有兩個弊端，一是效率低；二是老是做不標準，容易挫傷積極性。

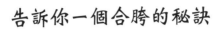

告訴你一個合胯的秘訣

　　開胯是太極拳的重頭戲，百度一下，能搜到幾十萬種結果。

　　按道理說，陰陽相伴共生，有開必有合。奇怪的是，講合胯的文章比開胯少得多，而且，在這些結果當中，大多是問天生胯大，有沒有辦法把胯縮小，還有許多女性問生孩子之後胯被撐大了，如何才能合得住，講太極拳合胯的文章屈指可數。

　　這是為什麼？老六認為，主要原因是許多人把拉開髖關節當成了開胯的全部內容，而髖關節活動範圍雖大，但與胯骨的活動基本沒什麼關係，所以，不知道骨盆能開合也就不足為奇。

　　在之前的文章中，老六曾經多次提到，開胯並不是只開髖關節，而是要把胯上的所有關節都打開，包括髖關節、骶髂關節、骶尾關節和恥骨聯合。如果不能把骶髂關節和恥骨聯合拉開，胯骨是不可能自由活動的，合胯也就無從談起。

　　什麼是合胯呢？簡單說，就是把兩塊胯骨向內收，壓縮整個骨盆的空間，請注意：老六說的合胯並不是意念縮胯，而是物理意義上的收合，從外形上能看到，用手能夠真切地觸摸到。

　　合胯有什麼用呢？胯能開合，才是真正的開合。練太極拳講究開合，但如果沒有胯的開合帶動，胳膊、腿的開

合只是面子工程、形式主義。

合胯是檢驗開胯的一個標準。兩塊胯骨能開能合，能進行相對自由運動，才算是真正開了胯。合胯更有助於開胯。合胯擴大了胯上各關節的活動範圍，能進一步增強開胯的效果。

合胯才能打開尾閭，發揮尾閭的作用。只有把胯合住，丹田氣下壓，才能真正活化骶尾關節，也就是大家經常說的尾閭。

怎樣才能做到合胯呢？要想合胯，必先開胯。只有先把胯打開，兩胯能自由活動，才能實現合胯。

知道這一點就夠了嗎？不夠！即使開了胯，未必就能合好胯！合胯是有訣竅的。

要想合好胯，有一個基本的前提不能違背，那就是：小步不過肩，腳尖要同向。換句話說，就是要重視小步的練習。

小步還要練習嗎？當然！許多人練了一輩子拳，並不知道什麼是小步，更遑論練小步了。所謂小步，就是步幅小於肩寬的步子，如果要給個標準的話，就是兩腳外沿不超過肩的外沿。（圖32）

兩腳肩距
遠超肩寬

圖 32

什麼是腳尖同向？

就是兩腳尖朝同一個方向，請注意，腳尖同向與兩腳平行有相同之處，亦有區別，雙腳著地可以稱之為兩腳平行，在一虛一實的時候，用同向的表述更為確切一些。

現在，請你站起來，練一下金剛搗碓、六封四閉、雙推手等招式，看看定式的時候，雙腳符不符合「小步不過肩、腳尖要同向」的標準。

你是不是對這一理論半信半疑？很正常！因為按這個要求去練拳，並不會立刻見到效果。既然不能立竿見影，為什麼要這麼練呢？

不知道你有沒有發現這樣一種現象，跨越公路的橋樑通常會在公路兩側多留幾個橋洞。將來公路要拓寬時，原來的橋樑就不會成為瓶頸。

「小步不過肩、腳尖要同向」正是為你未來提升拳藝預留的橋洞，如果你執意要把它封死，那它將來一定會成為你練拳路上的絆腳石。

高手下棋至少多看五步；練太極拳，同樣如此。

3 答疑解惑

學而不思則罔，思而不學則殆。

問題多的學生，才是好學生，一直在思考的路上，才會持續進步！

練太極拳要悟，怎麼悟

你是不是練太極很多年，卻依然不得要領？

你是不是下了很大工夫，卻依然丹田空空？

你是不是苦苦求索，卻依然扯不開太極拳的神秘面紗？

如果你想尋找原因，練個明白拳，就接著往下看。

如果滿足於活動身體，圖個娛樂，那本文對你的價值不大。

先講一個小故事：

南北朝時，有一個印度高僧，看到本國和尚太多，競爭激烈，便想開拓異地市場。於是坐船來到中國，欲弘揚佛法，普度眾生。可是他走遍神州大地，卻沒有遇到一個知音。於是，他有些生氣。

高僧一生氣，後果很嚴重！多嚴重呢？誰也不搭理！

他來到河南中部一座風景秀麗的深山之中，找了個山洞，然後盤腿坐下，入定參禪。任世間滄海桑田，任飛鳥在肩上造窩下蛋，他都心如止水，靜心潛修。這一坐，就是9年，最後，影子都印到了石壁上。

再講一個故事：

明朝有一個青年，看到《大學》裡說「致知在格物」。「格」點什麼好呢？他看見窗外有許多竹子，就「格」它了！於是，他趴在窗臺上盯著竹子「格」了起來，並且一「格」就是七天。

故事中的兩個主人公是誰呢？你一定猜到了：禪宗始祖達摩和心學大師王陽明。

為什麼要講這兩個故事？因為練好太極拳的心法，就蘊藏在這兩個故事之中。

許多人練拳多年而不入門，不是不好學，不是不謙虛，不是不刻苦，不是不用心，而是在學拳的過程中，犯了一個心法上的方向性錯誤。

什麼錯誤呢？過分看重外部力量！每日忙於串公園跑拳館，聽講座看視訊，尋名師會拳友，看理論找竅門。

總而言之，三個字──向外求！謙虛好學難道不對嗎？

無論是看理論還是與拳友交流學習，有兩個判斷必須要做：

第一，要判斷出作者或交流對象的拳術水準，這是一件極為困難的事情。

第二，要判斷理論適合不適合自己所處階段，這一判斷難上加難。

正是因為上面兩個坎的存在，所以許多人越看越迷茫，越聽越糊塗，越練越沒信心。

什麼才是正確的心態？向內求！

從常人的視角看，前面兩個故事的主人公都有點「傻」。但是，我們要思考一下：他們為什麼能取得不可思議的驚人成就？

原因就在於，他們懂得一個道理。借用達摩祖師的一句話來表述，就是：外止諸緣，內心無喘；心如牆壁，可

以入道。概括起來四個字：閉門修煉！

古往今來，無論是道家還是佛門，無論是從文還是習武，凡大成者，莫不是暗夜孤影，枯燈黃卷，心無旁騖，兀自苦修。

從表面上看，太極拳是武術。但實際上，它是哲學、是智慧。想要練好它，必須用心去感悟！

「悟」——「心」加「吾」，向內求，用自己的心去琢磨，才叫悟。那麼，具體怎麼個悟法呢？

首先要——閉門！一是關閉大門，做宅男宅女。

二是關閉心門，排除花花世界的干擾。

說到這裡，拳友們可能會質疑：難不成練個太極拳，要離家出世，告別紅塵，甚至連老師都不能找嗎？

非也！請注意：這裡說的閉門，不是鎖門，更不是封門，能遇明師，求之不得，日日為伴當然很好！但是，有幾個人能有這樣的條件呢？再者說，就算遇到明師，也會要求你以悟為主，要不然，《論語》裡也不會有「不憤不啟，不悱不發」之說。

所以，以內求為主，外求為輔，偶爾外出一下，尋花問柳——不！尋師訪友不但可以，也是非常必要的！

那麼，具體怎麼個內求法呢？方法有很多，但一定要把握一個核心和兩個基本點：一個核心，就是以丹田為核心；兩個基本點，就是一切皆以陰陽為出發點和落腳點。

太極拳依易理而編，雖萬變不離陰陽——這個大道理誰都懂，可是在練拳的過程中如何運用？老六根據自己的體悟，給幾點建議吧：

第一，一定要把陰陽分開

周身上下、左右、前後、手腳一定要做到陰陽分明。怎麼做呢？

在公眾號《陰陽是個孫悟空》一文中，老六提到，陰陽在太極拳中有許多化身：虛實、快慢、鬆緊、剛柔等等。在練拳時，要透過虛實分明，快慢相間，把張弛有度、剛柔相濟表現出來。

第二，要明白一點：陰陽一定不會分開

這不是和第一條矛盾嗎？乍看衝突，其實不然。第一條可以理解為因，這一點可以理解為果。陰陽的特點是既對立制約，又相依相生。人為地製造陰陽不平衡，是為了形成新的、符合太極要求的平衡。

第三，跳出太極看太極

練太極拳，不能一味鑽到拳裡，一定要放大視野，學陽明「格」竹，觀察研究萬事萬物。

觀察研究什麼？每一件事物的陰陽屬性！不管是一個人、一朵花，還是一輛汽車、一條河，都要從不同角度，不同層次分析它的陰陽，並且要做到無時無刻、隨時隨地，習慣成自然。

當你不斷地做這種思維體操，能分析100種事物的陰陽屬性時，不但會加深對太極拳的理解，對這個世界也會有全新的認知。

慢不下來？試試這個方法

練太極拳應該不緊不慢，氣定神閑，可是有些人練拳卻總是像趕火車、趕飛機一樣，匆匆忙忙，慌慌張張，怎麼都慢不下來，這是怎麼回事呢？

許多人會歸咎於性格，急性子打太極肯定比慢性子要快。這樣的解釋不能說沒有道理，但這只是原因之一，卻不是最關鍵的因素。

那最關鍵的原因是什麼？讓開悟的出家人給我們一點提示吧：

行者問和尚：「您得道前，做什麼？」

和尚說：「砍柴、挑水、做飯。」

行者問：「那得道後呢？」

和尚說：「砍柴、挑水、做飯。」

行者說：「得道前後都一樣，何謂得道呢？」

和尚說：「不一樣。得道前，我砍柴時惦記著挑水，挑水時惦記著做飯；得道後，砍柴即砍柴，挑水即挑水，做飯即做飯。」

看完這段對話，你是不是有所感悟呢？

慢不下來的主要原因，是心思不能專注於當下。不專注有兩種表現：

第一種是心在拳外

練拳時，不能放下工作、生活中的瑣事，而是思緒隨心而動，雜念一個接一個：股票漲了沒有？假期去哪旅

行？員工不服管怎麼辦？用什麼招數能讓生意好起來……動作不由得越來越快。

第二種是心在式外

什麼意思呢？不專注於當前的動作！練拳時，有完任務的心態，打此式，想彼式，老想著快點打完。還有的拳友對招式不熟悉，怕記不起來後面的動作，所以草草完成當前的動作，結果拳打得越來越快。

怎麼解決呢？當然是專注於當下！

專注於當下，說起來容易，做起來難度可不小。再難也得做！這不僅僅是解決打拳快慢的問題，而且關乎修心之境界。

為什麼人往往不能專注於當下呢？說白了，就是沒有把當下的事情放在最重要的位置上去看待。之所以雜念一個接一個，是因為在意識的最深處，認為打拳不重要，那些亂七八糟的雜事才重要。

不承認嗎？

好，請你回答一個問題：如果有一隻老虎追著你跑，你腦子裡會想什麼？會想股票嗎？會想生意嗎？會想工作嗎？會欣賞沿途的風景嗎？肯定不是！逃命——腦海裡只有這兩個字。

所以，解決不專注最有效的方法，是把打拳的重要性和優先順序向前提。

在練拳時，不斷提醒自己：這個時間段，我的任務就是打拳！其他的都靠邊站！

重視起來，問題就能解決一大半，但這還不夠，我們

需要藉助一些技巧來輔助匡正。

技巧一：眼隨手動

老六發現，打拳快的朋友，視線轉移往往特別快，第一個動作還沒有完成，眼睛已經轉向下一個動作的方向上了。所以，想要手慢下來，先讓眼慢下來，視線隨著動作運行，不要超前。

技巧二：時刻保持對拳的生疏感

拳打得太熟，變成下意識的動作，容易導致分心。所以，在練拳時，每一遍都要當成全新的開始。

有的朋友可能會問，練得這麼熟了，怎麼能保持生疏感？

拳無止境，無論練到什麼程度，問題永遠存在。只要你願意，一定能發現問題。

每發現一個問題，就把注意力放在解決這個問題上，打拳時自然就能專注一點。解決掉一個問題之後，再尋找下一個問題，如此循環往復，不但毛病會一個一個改掉，打拳的速度也會逐漸慢下來。

慢慢練拳，解決的不僅僅是速度的問題，天長日久，你會發現你的心態也在發生變化。即使過去是急性子，也會慢慢變得心平氣和，不易動怒，做任何事情都能耐心而持久！

沒有標準，如何練好太極拳

有拳友問：怎麼做到身法中正？

比如馬步和弓步，有沒有具體尺寸、比例或其他的檢驗方法呢？

老六的答案是沒有標準，無法核對總和測量。在公眾號最早的一篇文章《丹田不轉，太極白練》一文中，老六就表明了這個觀點，但依然有許多拳友困惑不解。

有人說：立身中正、含胸拔背、屈膝鬆胯、內三合外三合……這些不是標準嗎？還真不是！

那什麼是標準？

新華字典：衡量事物的準則。

百度百科：標準是為了在一定的範圍內獲得最佳秩序，經協商一致制定並由公認機構批准，共同使用的和重複使用的一種規範性文件。

從上面的定義中我們不難看出，標準首先是確定的，可以量化的，比如標準鐵軌的軌距是1435公釐，USB介面也有標準尺寸。

其次，標準是大家協商並由公認機構批准的。軌距是1937年由國際鐵路協會做出規定的。USB介面則是由英特爾、康柏等多家公司聯合提出的。

亦即，標準不是一次性的，不能天天變。

對照標準的定義，太極拳有沒有標準，能不能制訂標準？

　　立身中正、含胸拔背、屈膝鬆胯等都是很含糊的要求，沒有量化的可能。

　　人的高矮胖瘦各不相同，所以把太極拳動作精確到公釐並做統一規定是完全不可能的事。

　　有的拳友可能會說，立身中正可以測量吧？沒錯，定式時身體的傾斜角度可以測量，但太極拳不是站樁，周身上下在不停地進行位移，定式的一瞬間有「標準」又有什麼意義呢？

　　對於追求精確，對不確定性充滿恐懼的人來說，沒有標準的太極拳就像一個剛出爐的烤紅薯，雖然令人垂涎卻無法下嘴。

　　老六曾經就是這樣一個太極拳愛好者：每天琢磨著如何把手、腳的位置在三維空間裡準確定位，結果可以想像，均以失敗而告終，中國傳統文化的模糊特性已經註定這種精確思維不可行。

　　但是，「標準思維」也不見得就是壞事。雖然沒有找到標準，老六卻總結出一些非常有用的規律。

　　比如，腳的位置和運動方向就可以相對精確，膝蓋和胯也有一些「死」規矩，手亦可以身體某些部位為參照確定相對位置。

　　尤其值得慶幸的是，初學太極拳，下盤的作用要占到70%以上，而下盤有相對明確的規矩可依。比如：兩腳平行，腳要落地生根（不能喝風、拔根、捭鑽子）；膝蓋要相對固定，不可擰晃；時刻注意屈膝圓襠；重心儘量多移；襠走後弧和下弧，且走弧不見弧等。

這些規矩為太極拳初學者入門打開了一扇友好的窗戶，依規行拳，長期堅持，膝蓋不會痛，胯能拉得開，丹田也多多少少會有氣感。

人們往往被豔麗的花朵所吸引，卻忽視不起眼的根和莖。

練太極拳，許多人也會被華麗的肢體（主要是上肢）動作所迷惑，卻忘記了腿腳才是真正的根基。所以，想練好拳，必須拋棄虛無縹緲的「心法秘訣」，從腳練起，該有的都會有。

找不到感覺比感覺太好強多了

《論語》裡有這樣一個故事：

子路問孔子：「老師，是不是聽到就要立刻行動呢？」

孔子說：「有爹和兄長在，怎麼能聽到就行動呢？」

冉有又問：「聽到就要行動嗎？」

這個冉有，明顯是「欠扁」，子路問過的問題，他竟然再重複一遍，這不是存心搞亂嗎？

孔老夫子不愧是萬世師表，面對如此「弱智」的弟子，卻不慍不怒：「對！一分鐘都不能耽誤！」

公西華看到孔子前後不一，便問：「同樣一個問題，為什麼給出了截然相反的答案？」

孔子笑眯眯地說：「冉有優柔寡斷，退縮不前，所以呢，我就鼓勵他。而子路勇敢果決，說幹就幹，所以就要約束一下他。」

這樣做的道理，老子在《道德經》裡講得很明白：「天之道，其猶張弓與？高者抑之，下者舉之，有餘者損之，不足者與之。」

練太極拳是一樣的道理。

在練拳的過程中，狀態特別好的時候，一定要提高警惕，千萬不能沉迷陶醉，盲目加大練習量。否則，會產生一些預料不到的後果。

陳小旺大師曾經講過一個案例：有一次，一個學生一大早從外地前來求教，由於他白天要上班，便告訴學生晚

上下班再來。待晚上見到學生時，發現他神態格外疲憊，便問緣由，學生說：白天在公園練了一天拳，平時只練六七遍，今日狀態特別好，一口氣練了15遍！小旺大師聞聽心裡咯噔一下，便讓學生打拳給他看，只見學生雙腿戰慄，渾身發抖，一式也練不下來。大師告誡他：「這是因為貪練，把身體練『傷』了，少則數月，多則數年才能恢復，嚴重的這輩子都要告別太極拳。」

當然，對於大多數拳友來說，狀態奇佳只是偶然現象，更多情況下，是狀態一般或沒有狀態。

相信很多拳友都有過這樣的經歷：在某個階段，感覺練拳如有神助，但過了這個階段，似乎進入了瓶頸期或者平臺期，雖然日日不輟，卻沒有了之前的那種感受。練拳索然無味，心浮氣躁，懷疑迷茫，甚至產生放棄的念頭（事實上，許多人也就是在這時候放棄了）。

哲學上有一個「螺旋上升」原理，也就是說事物發展是波浪式前進、螺旋式上升的過程，總趨勢是前進的，道路卻是曲折的。

這個規律同樣適用於太極拳。

在練拳的平臺期，雖然感受不到變化，但僅僅是感受不到而已，並不代表變化沒有發生。就像剛點燃熱氣球的噴火器時，熱氣球不會立即升空，只有當熱空氣的量足夠多時，熱氣球才會由靜到動，發生質的變化。水滴石穿，蟻穴潰堤，都是同樣的道理。

最後，送一勺「雞湯」給暫時沒感覺的拳友：失敗只有一種，那就是半途而廢。

用腰打拳好，還是用胯打拳好

腰在太極拳界不是「皇上」，也是「宰相」。

當然，要說腰「壟斷朝綱、獨攬大權」也不客觀，因為它有一個強有力的競爭者——胯。

有人主張用腰打拳，也有相當多的拳友信奉用胯更佳。

那麼，究竟是用腰好，還是用胯好呢？

兩個都好！都好？沒錯！

老六不是和事佬兒，說兩個都好是有原因的。

好在哪裡？

不管是用腰打拳還是用胯打拳，都是用軀幹帶動肢體，也就是常說的以身領手。能做到這一點，遠好過用肩打拳、用肘打拳和用手打拳。

如果注意觀察，你會發現，許多人練拳，肘和手總是扮演急先鋒的角色，腰胯未動，糧草……不，肘、手已經一騎絕塵，不見了蹤影。這種手、肘主動的練法弊端很多，比如做不到身手一家，練不出整勁，以氣催形更是無從談起。

那麼，腰胯是不是就不分高下呢？

腰胯打拳，各有利弊。用腰打拳，優點很多，第一是相對容易；第二是活化拉開脊柱的功效好；第三，對開胯有很大幫助；第四，能更快地體驗到丹田的氣感。但是，只會用腰打拳，或過分強調用腰打拳，會導致水蛇腰的出

現，影響氣流的上下貫通，練出來的丹田氣團偏上，不能完全下到小腹。同時，養生和技擊的功效會差一點（當然，比無氣感的太極還是要強太多）。

用胯打拳，也是優缺點並存。優點：

一是開胯效果好；

二是丹田氣團位置到位，更有利於打通小周天；

三是養生、技擊的效果最理想。

當然，用胯的弊端也很突出：

一是非常難操作，初學者完全做不到；

二是相對於用腰，想體驗到丹田氣的感覺更難（時間要長3～5倍）；

三是很容易導致胯根挺、發緊、跪膝現象的出現。

啊？說了半天，難分伯仲啊！

聰明的拳友一定會想：我既用腰，也用胯，兩者兼顧，豈不是兩全其美？

願望很豐滿，可是現實很骨感。腰胯同動，操作難度非常大。如果缺乏經驗，很容易回到用肩、用肘、用手打拳的初級階段。

究竟該怎麼辦？

老六一貫主張：練拳，不能「從一而終」，不同階段要用不同的練法。

腰胯不是水火不容。分兩個階段進行，魚和熊掌就可以兼得了。

第一階段：用腰打拳，待軀幹的關節都盤活拉開，丹田有了氣感之後，就可以慢慢嘗試用胯打拳了。

用腰打拳如何操作呢？剛開始學套路，先不要想著用腰（實際也用不上）。待動作熟練之後，要養成一個習慣：那就是每個動作，都想著腰先動，腰先動，腰先動（重要的事情說3遍），天長日久，就會體驗到用腰的妙處了。

　　用胯打拳如何操作呢？

　　操作之前，建議你先看看自練的視訊，有沒有做到每動腰為先。如果沒做到，就先不要想胯了。

　　如果都做到了呢？還用問嗎？

　　胯先動！胯先動！胯先動（重要的事情說3遍）！

哪些動作練不出丹田內轉

在《內氣人人有，為什麼你練不到丹田》一文中，老六提到，丹田內轉是內氣流動，出入丹田的表現。

內氣為什麼會流動呢？因為人體內部陰陽的不平衡引發的。

導致人體陰陽失衡的因素有很多，壓力的變化是其中的一項。

練太極拳，主要是透過鬆緊相間的運動方式，在人體內部（主要是四肢）製造壓差，引發內氣的流動（即所謂的導引之術）。

比如，站樁、練拳時透過半蹲使得腿部肌肉緊張，壓力升高，引動內氣向上半身流動，天長日久，氣路暢通，手上、丹田等部位就會出現氣感，表現為麻、脹、熱或者刺痛。

明白了這個道理，哪些動作練不出丹田內轉自然就有了答案。

身體放鬆，丹田不動

身體放鬆，內氣就會散佈於周身，雖然會有微弱的流動，便流量太小引不動丹田內轉。

太極拳中的表現：過分求鬆，不敢用一點力，以手臂為甚。（參考《「鬆鬆鬆」是碗迷魂湯，練太極拳鬆不出丹田氣》）

身體靜止，丹田不動

雖然各部位有壓差，但保持穩定的狀態，限制了內氣的流動，就好像吹氣球，吹滿氣後把口一紮，雖然球內外有壓差，但氣也不能流動。

太極拳中的表現：站樁、定式基本功。

壓力均衡，丹田不動

肢體雖有運動，但各部位同時處於緊張或放鬆狀態，導致內氣無法形成氣流或者流動很少，引不動丹田。

太極拳中的表現：下肢虛實不明，重心在兩腿之間的位移很少；手臂順纏、逆纏不明顯。

部位不對，丹田不動

練拳時，四肢可以有緊有鬆，但胸、腹要始終處於放鬆狀態，如果繃緊，則內氣不能向丹田流動，更不可能引動丹田內轉。

太極拳中的表現：打拳時昂頭、挺胸、襠走前弧。

膝蓋到底要扣，還是要撐

關於膝蓋在練拳中的狀態，一直是有爭議的話題，除了「撐」以外，還有許多人認為應該「扣」。

所謂撐，是指膝蓋部位要向外微微用力。

所謂扣，含義就有點模糊了，有人主張膝蓋要向內用力，有人認為扣是指要有合勁。

到底哪個對呢？有句名言叫「汝之蜜糖，彼之砒霜」。

練太極拳，在不同階段，要採取不同的練法，如果用錯，蜜糖也會變成砒霜。

老六認為，對於初級階段（初學和丹田無感）的練拳者來說，講扣膝是非常不明智的，把膝蓋撐住是最適合的練法，原因有三個：

「撐」指令明確，容易做到。

「撐」能保護膝蓋，利於開胯。

在「撐」的基礎上加「合」，相對容易。

而「扣」呢，既沒有明確的界限目標，也容易導致膝蓋晃動，造成損害，對於初學者來說就是毒藥。

那麼，對於高級階段的拳友來說，「扣」是不是一劑良方呢？

也不是！「扣」根本就不能準確描述膝蓋的運動方式！除非是天分極高的拳友，否則只會越看越糊塗，越練越迷茫。

哪個字或者哪個詞能準確描述呢？

沒有！因為，太極拳對膝蓋的要求是既要掤得住，又要有合勁！

這是一種什麼樣的狀態呢？

老六琢磨了半天，想到了一個相對容易理解的表達方式：骨肉分離！

骨和肉分開，向不同的方向運動，說得再具體一點，就是骨要向外撐，肉要向裡摔。看圖33：

圖 33

一時看不懂的拳友，也不用著急。只管撐著膝蓋練，當胯拉開、丹田有感覺的時候，自然就會明白的。

究竟要斂臀，還是泛臀

　　臀究竟是要向前收斂還是要向後泛呢？這是個非常有爭議的話題。

　　如果舉辦一場辯論賽，其精彩程度應該不輸於亞洲大專辯論賽。

　　下面，請雙方選手出場，闡述一下各自的觀點（姑且指定斂臀派為正方，泛臀派為反方）。

　　正方觀點：

　　泛臀會導致後腰部位緊張，腰胯的活動受限，失去靈活性。

　　泛臀容易導致挺胸，形成橫氣填胸。

　　泛臀會使腰椎部位形成凹陷，導致局部受力過大，不僅不利於承重，甚至容易導致受傷。以生活中的實例為證：肩挑重物的挑夫，有沒有人撅著屁股走路？抱著小孩的母親，有沒有人翹著臀的？

　　綜上所述，臀一定要收斂。

　　反方觀點：

　　臀部向裡收斂，易出現前襠大開，後襠夾住，襠勁不能圓活。

　　斂臀使脊椎的自然內彎部分向外突，造成脊椎承受的力量過大，久而久之會使脊椎受損（居然都在指責對方虐待脊椎）。

　　斂臀使小腹上提，真氣難以沉於丹田……

打住！

辯論到此結束！質辯、自由辯論、總結陳詞環節取消。待拳友們合議後再判輸贏。

看完這場辯論賽，你有什麼感受呢？是不是覺得正反雙方講得都有道理呢？

的確如此，因為，他們講得都不為錯！

什麼？都不為錯？那臀部，到底是要臉還是要飯呢？不對⋯⋯是要斂還是要泛呢？

其實，答案已經很明顯了：既不能斂，也不能泛！或者換一種說法：既要斂，也要泛！

什麼？你是不是已經徹底暈了？

暈就對了，不矛盾不是真太極！

雙方之所以出現分歧，是因為對斂和泛的認知有偏差。在許多人的觀念裡，把斂和泛的動作幅度擴大化了，認為臀部有明顯的收縮和撅翹才算斂和泛。

殊不知，太極拳不是電臀舞，臀部不能出現明顯誇張的動作。無論是斂還是泛，都是一念之間很難覺察的微動！臀，絕對不能出風頭！

那「既不能斂，也不能泛」和「既要斂，也要泛」兩種矛盾的說法又如何解釋呢？

這是兩個階段的練法。在太極拳的初級階段，既不能明顯地「斂」，也不能明顯地「泛」！否則就會出現正反雙方所提及的弊端。

既不斂也不泛，怎麼練呢？垂臀！臀部有下垂的感覺即可。

當拳技精熟，丹田氣充足時，就可以進入第二個階段：既斂又泛。臀部要微斂，尾椎骨要微泛！

臀斂尾椎泛，這能做到嗎？

能！但有一個重要的前提，那就是丹田氣下沉，能推動骶尾關節向後，也就是老六一直強調的開胯的第二階段。

關於尾椎向後動的意義，有太多的文章進行過闡述，老六就不多說了。

太極拳有許多要求，從表面上看自相矛盾，其實這些「矛盾」是對不偏不倚、持衡守中的踐行，只有拿捏好這個「度」，才能真正把握太極拳的精髓。

找不到「明師」，怎樣練好太極拳

　　網友們總結太極拳「明師」三大標準：會不會，教不教，會不會教。

　　三個條件可以組合出八種類型的老師：

　　第一種：不會練，不願教，不會教。遇到這樣的老師──慢著！這樣的老師存在嗎？

　　第二種：不會練，不願教，會教。不會練怎麼會教？下一個！

　　第三種：不會練，願教，會教。同第二種。

　　第四種：不會練，願教，不會教。這種熱心腸還真的不少！自己尚未入門，卻好為人師，在「毀」人不倦上不遺餘力。

　　第五種：會練，不願教，不會教。這樣的老師，不，只能稱為練拳者，純粹自娛自樂，除非是萬不得已，不要找他們學拳。

　　第六種：會練，不願教，會教。這樣的老師，可遇不可求，遇到了千萬不要「放過」！想方設法弄清老師不願教的原因。有一句話永遠不會錯：精誠所至、金石為開！

　　第七種：會練，願教，不會教。這樣的老師，值得敬佩。但跟他學拳，彎路不會少走。

　　第八種：會練，願教，會教。碰到這樣的老師，要嘛是你顏值出眾，要嘛是你人品爆發，啥也別說了，偷著樂就行了。

會練、願教、會教——選這樣的「三全」明師，好不好？

當然好！但這只是一廂情願！

條件全部具備的明師不是沒有，但稀如熊貓、寥若晨星！能找到具備一個或兩個條件的老師，運氣就算不錯了。

雖然我們退而求其次，但在三個條件的取捨上，一定把握好。「會不會」是先決條件，前四種類型要毫不猶豫地淘汰。第五種，不到萬不得已不找。第六種，只要解開老師心中的疙瘩，一切都好辦。第七種有點麻煩，需要學生費點勁調教一下。

調教？你沒看錯，只不過這個詞不好拿到檯面上說。我們換一種說法：就叫引導好了。

如何引導呢？中醫看病講「望聞問切」。我們可以借鑒一下。

望：

要學會觀察，觀察什麼呢？老師整套動作演練時不要拘泥於個別部位，注重體會整體的感覺。老師教動作時要注重觀察細節。觀察哪些細節呢？對於初學者來說，主要看步法，不管老師如何要求周身、內外、形神兼顧，初學者一定要把主要精力放在步法上。此外，為了便於更細緻的觀察，一定要藉助工具——手機。

注意：拍攝時最好從前後左右四個方向拍。

聞：

這裡的聞，不是用鼻子聞。是用耳朵聽，聽什麼呢？

聽老師話裡的關鍵字，就是反覆強調、說得最多的詞，這一定是他體悟最深的地方。

切：

切什麼？——自己給自己把脈。糾正誤差，單靠老師校正拳架是遠遠不夠的，尤其是碰到不會教的老師，一定要學會自我校正。而自我校正最好的方法，是自錄視訊與老師的視訊反覆比對。

問：

這是引導老師最關鍵的環節，一定要掌握技巧。

首先，要變被動為主動，勤思考，勤發問。其次，不要問開放式的問題，要問封閉式問題，就是要給老師出選擇題，不要出論述題。

示例：

論述題：老師，開步要怎麼開才對？

選擇題 ：老師，我的腳開到哪裡合適？A點或B點（配合身法演示）？

老師，開步時，我的膝蓋要保持什麼樣的形狀？是這樣撐起來還是塌下去？

上述「四診」用好，其效果不亞於跟隨「三全明師」學習，有興趣的拳友不妨一試。

丹田不轉？可能被理論「撐」著了

太極拳有多少理論？沒人統計過。要是把所有的太極拳理論都召集到一起開個會，人民大會堂肯定坐不下。

這麼多理論，哪個該看？哪個不該看？哪個是給初學者看的？哪個是給高手看的？沒有人告訴我們。有人說，分那麼細幹嗎！只要看了，就有收穫，真是這樣嗎？

八卦的秘密

先聊聊太極（非太極拳），理理思路。

太極是宇宙萬物抽象的表達，這個大家族是這樣的：太極生兩儀，兩儀生四象，四象生出八個單卦，八卦兩兩組合形成六十四個重卦。（圖34）

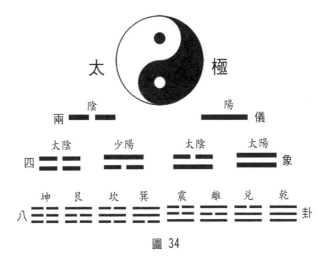

圖34

如果把六十四卦再兩兩組合呢，會得到4096個卦象。

問題來了：為什麼八卦愛好者都研究8單卦和64重卦，4096卦卻無人問津呢？

我們再來看數字8，太極拳有八門勁法，中國有八大菜系，中醫講八綱辨證，方向有四面八方，唐宋有八大家，神話故事有八仙過海……「八」在中國文化裡無處不在。

還有數字72，孔子門下有72賢人，孫悟空有72變，中國象棋棋盤有72格（楚河漢界算8格），一年有72候（五日為候，三候為氣——這是「氣候」一詞的來歷）。

8、64、72，這些數字有什麼關聯？

有什麼意義？

我們來做一道簡單的算術題：$8 + 64 = 72$！

回到前面的問題，為什麼只研究72個卦象，沒人去理會4096卦呢？我們需要明白一點：古聖先賢絕對不會偷懶！

老六揣測：之所以不研究4096卦，是因為72卦已經足以代表萬事萬物的本質特徵，雖然卦象越多越精確全面，但普適性越來越差，除了使工作量呈幾何級數增加外，沒有什麼實用價值。

孔門72賢已經代表了思想智慧各個領域的頂尖人才；孫悟空72般變化暗示著萬事萬物的演變跳不出72個大類；中國象棋72格足以模擬殺伐征戰的環境；72候完全可以涵蓋大自然的氣象萬千……

越簡單，越「長壽」

《物演通論》作者王東岳談到這樣一種現象：「越原始的物質存在狀態，它在宇宙中的存在豐度越高，總品質越大，衍存時間越長，穩定性越強；越後衍的物種，它在宇宙中的總存在品質越小，存在的時間越短，穩定度越差。」

比如，元素週期表上的第1號元素──氫元素，約占宇宙元素總量的90％，而第2號元素──氦元素約占宇宙元素總量的9％，其他元素加起來的總品質還不到1％。

再看太陽系。太陽的品質佔據了太陽系總品質的99.86％，八大行星加上星際物質只占太陽系總品質的0.14％。然而，據目前所知，生命只存在於八大行星之一的地球上。

其實，王東岳的理論概括起來就是一句話：越原始越簡單的東西，活得越長！

為什麼呢？按老六的理解，事物衍生代數越多，結構越複雜，對其依存的客觀環境的要求也就會越高，適應性越差，也就越容易消亡。

我們的祖先早已用太極八卦講清了這個道理。

理論細分與普適性

太極拳呢？既然72個卦象已經能表達事物本質，那麼，真正有用的太極拳理論從理論上來說超不過80條。

為什麼這樣說？

　　第一，太極拳是披著武術外衣的古老東方智慧，而高級智慧註定只是少數人大腦開竅的產物。太極拳誕生短短數百年，忽然誕生數以萬計的大師和靠譜的理論，根本就不符合事物發展的規律。民諺有云：家傳一頁紙，世傳萬卷書。到現在為止，太極拳的門派只有屈指可數的幾派也是一個明證。

　　第二，八卦已經揭示了太極拳理論的演變規律，越往下，分得越細，個性越強，普適性越差，對於練拳指導意義大打折扣。

　　這個怎麼理解（見圖35）？

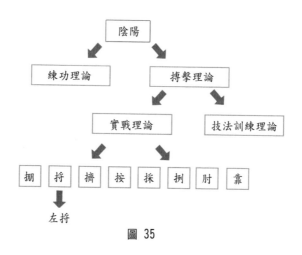

圖 35

　　我們推演一下太極拳理論的演變過程：陰陽理論適用於所有人，但是陰陽的概念過於籠統，直接用於指導練拳會令許多人頭暈。

　　於是陰陽趕緊「結婚」，生出兩個「兒子」：練功理

論和搏擊理論。

再往下，搏擊理論又生出兩個「兒子」：技法訓練理論和實戰理論。

實戰理論又生出八個「兒子」（太極八法）：掤、捋、擠、按、採、挒、肘、靠。

這時，一個擅長捋法的高手橫空出世，總結並昇華了捋法理論。後來，這部理論被另一個天才看到。遺憾的是，這位高人是左撇子，但左歸左，一點都不影響他成為大師，左捋成為他的絕招而且所向無敵。大師年邁，寫書是必須的，於是在著作中將左捋捧上雲霄。由此，後人深信左捋才是太極最厲害的招法。

但是，大多數人還是「右撇子」，盲目模仿學習，卻始終達不到大師的境界。

當然，這只是老六編的一個極端的故事，但類似的情況絕非個別。

關於普適性的例子還有很多：

如中藥方：中醫藥方有核心方之說。

如清代名醫張錫純治療大氣下陷的名方「升陷湯」由五味藥組成：生黃、知母、柴胡、桔梗和升麻。

但是大氣下陷又有不同的類型，所以對症下藥：兼氣分鬱結、經絡淤堵者用生黃、知母、當歸身、桂枝尖、柴胡、乳香（不去油）和沒藥（不去油）；對大氣下陷又吐血者，可在升陷湯的基礎上，加龍骨、牡蠣以收斂之。

需要說明的是，核心方適用於所有的大氣下陷，但可能沒有「對症方」效果好。可是，如果沒有把握或判斷失

誤，用針對吐血的藥方去治療氣分鬱結，不但無效，反而可能引起其他不適之症。

如唱歌：按唱法分類，歌曲大致可分為通俗、美聲和民族三大類，最早誕生的是哪一類呢？

在人類還沒有產生語言時，就已經知道利用聲音的高低、強弱等來表達自己的意思和感情。這便是最原始的歌曲。

最原始的歌曲肯定是適合大眾的通俗唱法，因為大家都有溝通的需要，美聲和民族只適合於特殊嗓音條件的人。直到現在，通俗歌曲依然是傳播面最廣、大眾喜聞樂見的，美聲和民族始終是小眾唱法。

如何甄別理論

太極拳理論，論資排輩的話，按老六的理解，是這個樣子的——我們就拿大樹來打個比方吧：陰陽是它的根，幾部經典理論是它的主幹，其他理論是枝條、樹葉和花朵。大概有多少呢？前面已經說過，真正有用的為前四代（兩儀為第一代，四象為第二代，八卦為第三代，六十四卦為第四代），總數不超過80。第五代以後的理論，基本可以歸到無用的範圍。

如今的太極拳理論樹是什麼樣呢？枝繁葉茂！花團錦簇！

這是為什麼？

在春遊季節時，大家都喜歡出門賞花，沒人說出門賞樹——就是有人真喜歡，也不會說出來。葉和花搖曳多

姿，色彩斑斓，非常符合我們審美的需要。樹幹乾枯瘦皺，大家不喜歡也很正常。

於是，第五代葉、花雖然無用，但也開始大量滋生。

但是，由根吸收養分，經樹幹樹枝輸送孕育葉子和花朵——這個過程還是太慢了，不能滿足我們對大樹繁榮的期待，我們需要更多葉子和花朵，多多益善！

有需求就有市場，聰明的「理論家」橫空出世。速成的辦法有的是，直接造出葉子、花朵不就行了？於是，太極拳理論樹被黏上了成千上萬假葉假花。

當然，造葉造花者目的各異：有人是名氣的需要，有的是為博人眼球，有的是為了刷存在感，還有的純屬沒事「灌水」，有些人是無心，更有人是好心辦壞事。

繁榮是繁榮了，但假葉假花卻把幾十片（朵）真正有用的葉子和花朵掩藏起來了。

所以，初學太極拳者想看理論就面臨著兩個選擇：

第一，如何從成千上萬假葉假花中尋找到幾十片（朵）真葉真花。

第二，從這幾十片（朵）真葉真花中選出適合於自己階段的葉和花。

怎麼選呢？沒人指導，事實上也沒法指導。

不懂行的人選擇的標準就看是不是對自己胃口。

樹幹樹枝有根的供養，粗壯結實，即使經歷風霜雨雪，依然能挺立不倒，逐漸成為經典。而假葉假花很快枯萎落地，被在樹下期盼已久的理論愛好者拾到：「這個葉子好，正是我喜歡的淺綠，嗯，收了！」「那朵花好，我

喜歡數位5，它剛好是5瓣，不錯！」——統統塞進肚子裡，不吃個腸滿肚圓誓不罷休。

　　練拳不能吃太飽，把這麼多「葉」和「花」塞進肚子，還怎麼煉丹田？事實上，我們根本就沒有必要去辨真假！

　　老六還是那個觀點：太極拳師承口授，根本就沒有什麼入門的理論和教材。初學拳者，不要研究理論，聽老師的，把動作練規範就好。

　　如果非得要找個理論心裡才踏實，老六建議，就研究一下由陰陽派生出的「鬆」和「緊」吧，知鬆知緊，很快就入門了。

練太極拳產生丹田氣後，還會消失嗎

有拳友問：練太極拳產生丹田氣之後，如果隔了很久不練，會不會消失呢？

回答這個問題之前，先講一個老六瞭解的事實：在老六教過的學員中，丹田有感，練拳卻是隔三差五的人不在少數。雖然斷斷續續，他們丹田的氣感卻是一直存在的。最典型的是有一個學員停練達半年之久，復練之後，一週左右丹田又有了感覺。

老六也曾和一些高手交流過，他們的經驗是：丹田氣練出來以後，如果停止練習，功力會退步，但是丹田氣消退得非常緩慢。

這是為什麼呢？回答這個問題之前，我們先要釐清一個概念，那就是丹田氣是從哪來的。

雖然名叫丹田氣，這個「氣」卻不是丹田「製造」的，而是人的周身之氣在丹田聚集流動的結果。所以，丹田產生氣感或運轉需要兩個條件：一是人體內氣充足，二是氣路通暢。

就拿南水北調做個類比吧，要往北方調水，首要條件是水源地的水量要足，有水可調，怎麼調呢？主要是利用天然河道和建設專用管道，而不管採用哪一種辦法，水道暢通是必備條件。

太極拳的動作，就承擔著這兩項使命：透過肢體的拉伸、彎曲、扭轉，不斷增強內氣，使得氣量充足，同時打

通關節、經絡、血脈，使得內氣能在周身順暢地流動。

　　練太極拳有了丹田氣後停止練習，就好比水源地遭遇乾旱缺水，而河渠通道也沒有人進行疏通維護。這時，庫存的水量還能維持一段時間，雖然河道無人養護，也不會馬上出現潰堤、洩漏和淤塞，所以不會立即斷水。

　　練太極拳是同樣的道理，停止練拳後，已經疏通的關節、經絡不會瞬間堵塞，還能保持一段時間的通暢，所以丹田氣感不會立即消失。

　　如果中斷了很久，或者就此不練，天長日久，氣路阻塞，再想找回丹田的感覺真的要從零開始了。

有氣感，卻沉不到丹田的5個原因

有拳友給老六留言，詢問氣沉丹田的問題。他們說：練拳時肚子有氣感，但位置偏上，有時胸部發悶，肚子發脹，感覺氣不能沉到丹田，這是怎麼回事？

概括起來，橫氣填胸、氣不沉丹田可能由5個原因所導致：

昂　頭

練拳時下頜上揚，眼睛向上看，導致胸腹發緊，氣不能降至丹田。

解決辦法：參考前文《練丹田氣，不注意這兩個細節功虧一簣》。

挺　胸

挺胸極易導致胸部氣路受阻。

解決辦法：含胸，即雙肩微微向前扣，後背撐圓裹緊。

架肩挑肘

肩肘上挑會引動氣流向上，還會導致氣流阻滯於肩部。

解決辦法：肩部鬆沉，肘部垂墜。

水蛇腰

腰部扭晃幅度過大，也會阻礙氣流向丹田。

解決方法：少動腰或不動腰，多動胯。

未開胯

如果胯上的關節沒有拉開，會導致胯開合的空間太小，不能把氣「吸」入丹田。

解決辦法：開胯。

學太極拳，這5個問題一定要弄明白

先學理論還是先實踐？自學還是覓師面授？如何尋覓良師？免費學還是付費學好？陳楊吳武孫，到底哪家強？想學太極拳，這5個問題每個要弄明白。

先理論還是先實踐

「先理論，後實踐，包教包會……」相信你的耳朵已經被這些廣告語磨出了繭子。學太極拳，要不要先學理論呢？不要！

第一，沒有接觸過太極拳的人，只會被莫名其妙的名詞術語搞暈，根本就弄不懂拳論的真實含義。

第二，就算能看懂，由於不具備辨別真偽的能力，極容易被一些辭藻華麗的謬論誤導。

第三，太極拳一個階段一種練法，就算你在沙裡淘到了真金，也不一定就適合你當下的階段。

太極拳是一種實踐性很強的運動，放下書本，直接開練就好。真想學理論的話，練上3個月以後再看也不晚。

自學還是覓師

太極拳能不能自學呢？可行性幾近為零！

第一，沒有適合入門自學的教材。中國傳統技藝的傳承多是師承模式，比如中醫、手工藝、相聲等，都是口口相傳，手把手教。太極拳也是如此，根本就沒有入門的教

材（市面上所謂的教材只能算是圖文介紹）。

第二，有人會說：看視訊學不行嗎？這條路也行不通！太極拳對動作的精準程度要求極高，差之毫釐，謬以千里，且不說初學者能否辨別拳師水準高低，就是跟著大師的視訊進行演練也不可靠，因為你根本不知道自己動作到位與否！

第三，一個人練很難堅持下來。初學太極拳，都會滿腔熱情，可是練了一段時間，興奮期一過，你就會發現，除了大腿、膝蓋酸痛外，也沒有別的收穫了！沒人鼓勵，沒人指導，沒有小有成績的喜悅，支撐你學下去的動力何在？

為了不走彎路，還是找個老師吧！

如何擇師

學藝要找良師、明師，這是每個人都懂的道理。還有人給出了明師的三個標準：會不會，教不教，會不會教。按這三個標準擇師，好不好？當然好！可是，如果真的按圖索驥，你會發現：此路不通！

首先說會不會，一般的人判斷方法無非三條：聽其言、觀其行、看名氣。

所謂聽其言，就是聽老師講，對於外行來說，聽了基本白聽，因為你根本就無法判斷老師的言論正確與否。

觀其行，就是看老師練，這一條更不可靠，沒練過的外行都能看出門道，還叫內家拳嗎？

看名氣大小行不行呢？相對於前兩點，可靠程度略高

一點，而且，找名師要做好心理準備：一是你未必就能學好，二是要花不少錢。

再來說教不教。這個問題換一種說法，就是老師保守不保守，這個問題基本不用考慮，原因有二：

第一，冷兵器時代靠功夫吃飯，老師留個看家絕活是有可能的。在功夫沒落的現代社會，保守還有什麼意義呢？教出更多的優秀弟子，替自己揚名有什麼不好呢？

第二，如今肯下苦功練拳者寥寥無幾，就算老師把秘訣傾囊相授，你也不一定就能練到身上，老師根本就不需要保守。

當然，保守的老師還是有的，但不外乎兩個原因：一是免費教，二是學生討人嫌。

明師第三個標準：會不會教，這一條極為關鍵。遇到明師，可以快速入門，少走彎路，但如何判斷一個老師會不會教卻是一個大難題，有多難？跟哥德巴赫猜想差不多吧。

鑒別明師三大標準，看上去簡單，對於初學者來說，嚴重缺乏可操作性。而且，在太極拳界，符合這三個條件的明師，原本就比大熊貓多不了多少！

看到這裡，你肯定要瞪眼睛了：自學不成，又沒有明師，這太極拳怎麼學？

有一個道理你要明白：明師可遇不可求。所以，找老師的標準，一定要降低，降到多低呢？非常簡單：找一個腿不疼的老師！

這也算是一個標準嗎？

老六給出這樣的建議，是有原因的。

太極拳是一項非常安全的健身運動，一般不會練出問題，唯一讓人詬病的，就是方法不當會導致膝蓋疼痛受損，嚴重的會練出毛病。目前，在習練太極拳的人群中，膝蓋疼痛是一個普遍現象（初學太極拳短暫的疼痛不在此列）。所以，在擇師的時候，我們首先要考慮的不是把身體練得多棒，而是先不要添病。

所以，擇師要先看腿，不但要關注老師腿疼不疼，還要問他的學生膝蓋怎麼樣（注意：後者更加重要）。

看到這裡，你肯定會有一個疑問：只問腿疼不疼，不管老師的水準高低，要是走彎路了怎麼辦？

放心！無論是博士碩士還是文盲白丁，無論你如何聰明謹慎，練太極拳都會走彎路。學拳就是一個試錯的過程，沒有人能夠跳過這個過程直達終點。

所以，初學太極，不要苛求老師水準高低，蹲下來打拳，就已經進入太極拳的第一階段：抻筋拔骨。只要天天練習，就會見到效果。

當你練上一年之後，對太極拳的認識就會上一個臺階，此時再去尋覓明師也不算晚。

付費學，還是免費學好

還用問嗎，有免費幹嗎要掏錢？其實，付費最便宜，免費最貴。

收費教學實質上是訂立一個契約，雖然這個契約多數是口頭的，但它會無形中形成一種約束力。老師收了費，

一定會保證教學時間，教拳也會上心。對於學員來說，付出代價，一定會格外珍惜，同時也是堅持下去的一種動力。再者說，老師的本事也是用金錢和時間換來的，交學費是對老師的尊重。

當然，如果你運氣好，遇到一位好老師，還堅持不收費，怎麼辦？

老六的建議是：老師不收費是他高風亮節，但你一定不要白學。

免費學拳，看上去無比美好，到頭來你會發現，欠下一筆人情債不說，時間都浪費掉了。

人生苦短，光陰最貴。

太極拳門派這麼多，學哪個好

太極拳有陳楊吳武孫和等門派，究竟練哪家的好呢？

這是一個「是非」題，就是容易引起是非的問題。

關於門派優劣，口水仗就沒有停過，如果非要回答的話，老六的答案是：家門口有什麼，就練什麼。

如果家門口有兩個以上呢？

看哪個順眼選哪個！

4 巧練秘笈

　　練太極拳究竟有沒有秘訣？有！什麼秘訣？多練加巧練。多練自不待言，如何巧練？

　　本章分享筆者多年練拳教拳過程中積累的一些經驗技巧，相信會對你大有裨益。

太極拳的整勁，是如何「整」的

有一個詞老被拳友們掛在嘴邊——整勁。

整勁到底是什麼？

老六想找個現成的答案，但是搜遍網路，發現大多是關於整勁的威力、必要性和訓練方法的文章，沒有見到一個科學、準確、令人信服的定義。

這是怎麼回事？難道整勁像網路辭彙一樣，還沒有被收錄到「太極拳辭典」？抑或是太極拳名家、專家都不屑於這種小兒科的問題？

老六覺得，探討一下這個整勁，還是有點意思的。按慣例，從查辭典開始。

整勁的「勁」好理解，咱們重點說說「整」，《現代漢語辭典》裡「整」的意思有6個：如，完整；整齊；整理；修理；使吃苦頭；搞，弄等。

6種解釋中，老六覺得完整和整齊符合整勁的意思。提到整齊、有秩序、不亂，你會想到什麼？老六首先想到的是軍隊和樂隊。尤其是國慶閱兵時的軍隊和維也納金色大廳的樂隊——協調統一、井然有序！

為什麼？那是訓練出來的。

怎麼訓練？統一的規則！高度的默契！長期的磨合！

有這些就夠了嗎？假如軍訓沒有教官，樂隊沒有指揮，動作還能統一嗎？秩序還能建立嗎？

所以，指揮官才是核心！沒有指揮官，沙子一直是沙

子，永遠聚不成塔；腋毛永久屬於狐狸，過一萬年也集不成裘。

練太極拳是同樣的道理，勁整還是散，首要條件是有總指揮。

這個總指揮是誰呢？大腦？雖然生理學告訴我們：人的所有動作都是由大腦指揮，但太極拳的整勁訓練另有其「人」，它的名字叫丹田！

丹田才是太極拳運動的總司令，所有的動作都必須聽命於丹田，只有丹田氣足，才能號令「天下」，肢體才能表現出整體性和協調性。

如果丹田無感，則群龍無首，無論大腦發出何種指令，四肢還是會各行其是，毫無秩序。

歸根結底，丹田為根，肢體為梢，丹田為本，肢體為標，勁整與不整，表面上是在評價外形，其實是對丹田內轉水準的論斷，時刻注意以丹田為核心，才是練好拳的根本。

人人都是瓜子俠

作家、心學講武堂創始人霧滿攔江老師曾經在他的微信裡轉述信陽建行一名高級管理講的一個小哲理：他說，人類，是理性的，但同時也是快感取向的物種。人類，都是瓜子俠！

啥叫瓜子俠呢？你看，許多人都喜歡嗑瓜子，為什麼呢？因為人在嗑瓜子時，會產生即時的快感，簡單、直接，嗑一粒，馬上就能吃到一粒。所以許多人樂此不倦。

但如果，你把吃瓜子的時間延後，拖長，要嗑好久才允許你吃到，哪怕可以吃一大把，這時候，你就感覺不爽了。前面漫長嗑瓜子的過程，就成了繁瑣而乏味的工作，就會引發許多抱怨，甚至於產生了痛苦。

正是這個迅速直線的快感取向，讓許多人在選擇時，放棄了長遠利益，而選擇眼前的利益。

老六曾經看過兩本書《新的綜合》和《大狗，富人的物種起源》，解釋了人類為什麼目光短淺。

原始社會之前，人和其他動物沒什麼兩樣，是靠狩獵和採摘為生的，這兩種獲取食物的方式有很大隨機性。原始人今天在甲地抓到一隻兔子，兔寶寶被捕的資訊可能瞬間傳遍兔群，明天甲地的兔子可能從另外兩窟（狡兔三窟嘛）出入或跑到乙地避難去了——動物也在進化，要不早就滅絕了。

樹上的果子摘一個少一個，摘完只能換地方，死守一

棵樹等它明年再長，原始人類早餓死了！

所以，打一槍換一個地方，在危機四伏的世界裡是最明智的選擇。說到底，我們人類不過是基因爭奪生存資源、傳承延續自己而建造的蛋白質「戰車」而已，這種趨利避害的選擇一定會被基因記憶，並且一代一代傳承下去。

有人會問：原始人就沒有一個能堅持的嗎？還真不排除這種可能，但是，這樣一個「老頑固」，被餓死的可能性大於99.99％。能存活下來，並且子子孫孫無窮盡的，都是那些不能堅持的。

我們很「不幸」，都是這些「喜新厭舊」「朝三暮四」「三分熱度者」的後代。

我們就這樣向基因繳械投降嗎？當然不能！我們無法違背基因意志，但是，我們有方法克服不能堅持的缺點，誰讓我們是高級靈長類動物呢！

怎麼克服？利用「嗑瓜子原理」，用即時的快感來激勵自己向著目標前進。

介紹幾個小方法（以太極拳為例）：

方法一：目標分解

就是把大目標分解成小目標，每完成一個小目標就給自己一個獎勵。比如，學會太極拳是一個大目標，每天練3遍拳就是一個小目標。每完成3遍拳，就學老六，獎給自己300塊錢，或者一頓豐盛的早餐，或者看一場電影，或者在微信裡給自己點幾個讚！

方法二：紮堆練

單獨練拳，想偷懶很容易，和許多人一起練，時間和遍數都有保證。如果老師不是一味訓斥，時不時表揚一下，那就更完美了。這個叫被動激勵。

方法三：21天養成一個習慣

21天養成一個習慣，好像是一篇經典的雞湯文。

21天究竟能不能養成一個習慣？老六信了，還真的能！不信？你堅持21天試試。

人體有生理時鐘，所以為了有利於養成習慣，最好每天在固定的時間做同樣的事，使我們的生理時鐘能把這個工序記錄下來並提醒自己。

工作繁忙、應酬多的人，更應該選好時間，今天早上練，明天晚上練，後天中午練，我們的生理時鐘會很不開心的！

那麼，一天之中什麼時間練拳好呢？老六的建議：早上練。因為這個時段不易被瑣事打擾。其餘的時間，有空就練。

堅持很難，但堅持的結果很美好！若干年後，你最引以為豪的，可能就是一個多年堅持下來的好習慣！

練太極拳，我是怎麼堅持下來的

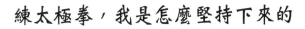

練拳最難的是什麼？每個人都有不同的答案，老六的體會是：堅持，堅持，再堅持！

想成功都需要堅持，這是一個老掉牙的道理。

上下嘴唇一碰，道理瞬間出籠，但是怎麼做到？大家都諱莫如深。

老六原先在公園練拳時，有人跟著練，老六也不介意，誰願意學，老六就樂意教。可是後來發現，鐵打的老師流水的兵。老師每天堅守崗位，學生卻走馬燈似的換，能堅持學完一個套路的都寥寥無幾。

後來，老六提高了門檻。有人諮詢學拳的事，老六第一個問題就是：有病沒有？

健康？不教！有病？教！

為什麼呢？有病的人能從練拳中體會到好處，有動力，能堅持（當然，精神病除外）。

所謂堅持，就是一種主觀意念，需要客觀因素的不斷刺激強化才能牢固建立。換種說法，要想堅持，就得想怎麼激勵。激勵有很多種：正向激勵、負向激勵、他人激勵、自我激勵……

老六不想探討心理學，講幾個故事吧。

故事一：太極服

老六知道自己和大多數人一樣，有半途而廢的毛病。

因此，開始學拳沒幾天，就先做了一身太極服，只要練功就穿（其實練太極拳穿寬鬆的運動服也可以，而且大家看你是業餘選手，不好意思嘲笑你，但穿上太極服，無疑給自己增加了不少壓力），回到家裡就掛在顯眼的位置。逢人就說自己在修煉太極神功——那時候沒有微信朋友圈，要不然，老六絕對是曬拳「狂人」！

為什麼這樣做？周知天下，以斷後路。

老六真是堪比諸葛，不到十天，自己預料中的事情果然發生了：退堂鼓咚咚地敲響——每天就比畫那幾式，除了膝蓋大腿酸痛外，什麼收穫也沒有！

但是，想想太極服，想想自己的誓言，如果放棄，親戚朋友怎麼看？社區保安怎麼看（每天一大早出門都打招呼）？公園裡的花花草草怎麼看？還有跳繩、踢毽、打球、競走、倒走、練字、靠樹、唱戲、吊嗓、甩鞭、打陀螺、練氣功、跳廣場舞、練各種拳的人怎麼看？

鄙夷的目光如芒在背，罷了！除非真動不了，這拳無論如何得練下去！

故事二：錢

問大家個問題，練拳的請回答，平時練功有人給錢沒有？注意：是自己練功，不是教拳賺錢！沒有吧？

老六練拳有人給錢！剛開始練一遍給100，後來行情看漲，200、300、500等，每天不賺上幾千絕不收手！有人問：老六，你不是賣藝的吧？

老六的家鄉，滿大街都是打太極的，誰掏錢看你練？

那誰會這麼「二」呢？答案是老六自己。

隔一段時間，老六練拳就沒有感覺了，就想偷懶少練幾遍。這時候，一個和藹的聲音就會在老六腦海中響起：練吧，多練幾遍，少去醫院，省下醫藥費不就是賺了嗎？一遍100行不？不行！那就200！現在，老六的拳一遍值500！

這招跟誰學的？自創！不過，老六發現一個大人物與老六所見略同。誰啊？馬雲！

故事三：添壽

《這就是馬雲》書裡講：馬雲創業時，總會想出各種方法讓大家高興，對工作表現好的夥伴，沒有條件進行物質獎勵，馬雲就給他們「加壽」。每次總結會時他都會給這位夥伴「加200歲」，給那位夥伴「加300歲」。大家都很珍惜自己的「壽數」。

有位姓錢的夥伴「加壽」最多，共加了9000歲。他現在已經移民加拿大了。2010年回來住馬雲家，還跟馬雲學太極拳。他說他最開心的事就是他曾經是「九千歲」。

總而言之，只要你願意想，總能想到堅持的辦法。

練太極拳，要有球體感

有這樣一種說法：練太極拳，要把身體想像成一個球。

想成球有什麼用呢？

有人這樣說：任何東西打在球體上，只要力的方向不穿過球心，都會打偏，用不上力。這是因為球體在受到外力作用時，會發生旋轉，旋轉使外力沿球的切線方向落空。如果施加外力的物體不及時調整的話，就會失去平衡。而這時候正是我方打擊對手最好的時機。「四兩撥千斤」就是這個道理。（圖36）

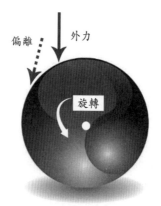

圖 36

還有升級版的：當有人攻擊你的時候，藉助對方的力量把你這個球打轉，轉移了對方的勁路，由於球還繼續旋轉，轉動所產生的慣性積聚起來形成一種爆發力，這種力釋放出去也可以將對方震開擊飛（借力打力）。

上面的兩種說法暫稱之為「球體攻守說」。除此之外，還有一種「抱球說」：兩臂兩腿分別環抱，同時產生球體感，這兩隻無形的球有一種強烈的外撐力，越用力抱它，它的外撐力越大，這就是所謂的「內撐外包」。

上面的說法對不對呢？有待商榷！

「球體攻守說」只能算一種技巧，太極拳可以這樣用，其他拳也可以用。

「抱球說」呢，乍看有理，其實有非常大的局限性，站樁時這樣想想還行。練拳時，懷裡抱著球，腿間夾個球……這場景，不忍直視。

太極拳的大多數動作，是不可能做到雙臂雙腿環抱的！

其實，「球體假想」對於提高技擊水準的作用並不大，太極高手與人交手不需要旋轉身體，可以直接承受並化解來力，然後用丹田勁將對手擊出。球體感於技擊作用有限，但對於保持掤勁和糾正動作卻有一定效果。

老六分享一下自己的心得：

首先，我們假想的這個球是空心的，皮不厚、彈性好，鉛球、鋼球都不符合要求，乒乓球、籃球、足球、撒尿牛丸是空心的，扔到地上能彈起來，但是皮有點硬，不合適。

什麼球合適呢？吹了90%氣的氣球，再吹幾口氣就會爆的那種。

在練拳的過程中，身體的所有外緣都要假想成球的「皮」，要有圓撐膨脹、飽滿緊致之意，而且這種感覺要

時刻保持。

　　其次，要把整個身體想像成氣球或者氣球的一部分。整個身體都包括什麼？這個問題有侮辱智商的嫌疑。但是，知道歸知道，許多人是不把雙臂雙腿算作身體一部分的。

　　為什麼這麼說？因為他們在練拳的過程中，只把軀幹當球，胳膊腿卻軟塌癟凹，毫無掤意。

　　或許有人會感覺奇怪：把身體想像成一個完整的球容易明白，想成球的一部分怎麼理解？

　　是這樣的，某些「大開」的動作，比如單鞭，從哪能看出像個球？像個鍋盔還差不多！所以，把它想成球的一部分比較合理。（圖37）

　　再次，最關鍵的一點：球心在哪？

　　球心？有球就行了，跟球心有什麼關係？關係非常

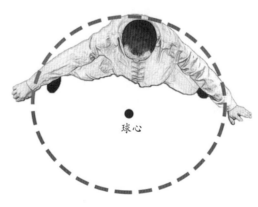

球心

圖 37

大！確定球心位置可
以避免步入誤區。

圖 38

老六經常強調以
丹田為核心，那麼球
心是不是丹田呢？

不是！球心的位
置在丹田前方，腹部
之外！

理由？只有這樣
想像，才不會把肚皮
當「球皮」而挺胸鼓肚，才能把四肢納入球體，實現周身
一家。（圖38）

道理講完了，不知你明白沒有？

沒有明白，那就再來一題：周身上下，哪一塊是永恆
的「球皮」？哪一塊永遠不能做「球皮」？

答案如下：

背是恒定的「球皮」——拔背要時刻保持。

胸腹「沒皮」——胸腹永遠要放鬆。

四肢呢？由於手臂和腿腳會不斷旋轉變換位置，所
以，「球皮」的位置不固定。一般情況下，在外側的部分
為「球皮」。

最後，想提醒一下大家：球體假想只是輔助技巧，練
拳過程中可比照參考，但不可生搬硬套。

練太極如拉麵

中國美食五花八門，不同地域千差萬別，但有一種麵食卻是大眾寵兒、南北通吃。啥？麵條！

在所有麵條中，以形狀論，有一種獨佔鰲頭，你猜是哪一種？

2013年，中國麵條文化節評選出了「中國十大麵條」：武漢熱乾麵、老北京炸醬麵、山西刀削麵、蘭州拉麵、四川擔擔麵、河南蕭記燴麵、杭州片兒川麵、昆山奧灶麵、鎮江鍋蓋麵和吉林延吉冷麵。

這麼多麵條中，八成是細麵。中式速食店主打拉麵、擔擔麵、熱乾麵，西餐廳常見的牛肉麵、義大利麵，家家常備的掛麵，火車「官麵」——速食麵，99%是細麵，甚至同樣是米做的「麵條」，細一點的米線紅遍大江南北，而粗一些的米粉則「蜷縮」於南方。

這是為什麼？老六認為主要有四個原因：

1.相對於寬麵條和粗麵條，細麵條更入味。

2.普適性強，吃細麵，櫻桃小嘴可以一根一根吃，血盆大口可以幾十根一起吞，而寬麵就不可能這麼隨心所欲。

3.工藝簡單，在煮製過程中，寬麵容易「抱團」，細麵不易黏連，操作難度低。

4.細麵煮製時間短，符合速食業節省時間、節約成本的要求。

扯得有點遠了，進入正題。

在眾多麵條當中，有幾種麵條的製作與太極拳的練習過程極為相似，拉麵就是其中之一。

做拉麵用兩種材料：麵和水——一陽一陰，主要分三個步驟：和麵、拉麵、煮麵。

和　麵

和麵，就是由反覆疊壓揉擰，使麵和水充分融合，陰陽交融，使一堆散麵變成筋道的整體。

在這個過程中，麵團不斷地被揉開、拉長，再收攏合併，一緊一鬆，一張一弛，盡顯太極之道。

練太極拳何嘗不是如此？透過揉、拉、牽、擰筋骨皮肉，活化關節，使周身上下陰陽交匯融合，將身體打造成一個陰陽平衡的整體，練出太極拳所謂的「整勁」。

那麼，在練習太極拳的第一階段，是緊著練好，鬆著練好？還是鬆緊相間好呢？答案自明。

拉　麵

抻拉是對麵團分子重新進行排列的過程，抻拉的力度要均勻適中，通俗地講，就是悠著勁拉。但是，麵條能拉多長多細多勻，主要取決於和麵的功力，拉麵的技巧只是錦上添花而已。

同樣道理，練太極拳，只有第一階段的基礎打好，第二階段才能拉伸自如，勁力不斷。

煮 麵

煮麵是檢驗麵條品質的環節，第一和第二步做得到位，煮出的麵條才會粗細均勻，筋道爽滑。

如果第一個階段不用心，下鍋的是麵條，出鍋可能是一盆粥。如果麵和得到位，即使抻拉的水準欠點，大不了粗細不勻，不會散爛到鍋裡。

在太極拳中，推手和散手就是「煮麵」，是對拳架水準的檢驗。

拳架基礎打得好的人，即使缺少實戰，也不會一觸即潰，被對手打得滿地找牙。如果基礎不紮實，那就只能給人當活靶子了。

最後，用一句俗話作結尾：麵有彈性，拳有彈勁！好麵不怕煮，好手不怕試！

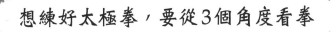

想練好太極拳，要從3個角度看拳

看人練拳，大家最習慣的視角是正面。

如果是高手，無論是正面還是背面都無所謂，甚至不需要看完整套路，一個動作足矣，所謂窺一斑而知全豹。

如果水準還欠火候，那麼只從正面看是不夠的，有些問題，換個角度更容易發現。

所以，看拳尤其是校正拳架時，至少要從3個角度來審視：正面、側面、背面，而且，3個面觀察的側重點有所不同。

正面：

看整體，重點觀察雙手上、下、左、右的運動路線是否到位（看「圈」畫得圓不圓）。

側面：

重點看上半身中正情況，觀察是否存在前俯、後仰、彎腰、翹臀、挺胸、抬頭等錯誤身法。除此之外，還要注意觀察手臂向前運行是否到位（參考《平面太極拳，丹田不成「球」，你練對了嗎》）。

背面：

看背部是否變形，觀察脊柱有無扭曲、傾斜，看肩部是否有上挑的現象（需要說明一點：練拳的初級階段，背部適度的扭曲傾斜是允許的，隨著拳術水準的不斷提高，背部要逐漸變成鐵板一塊，達到「牌位先生」的境界）。

除了上面3個角度，從其他角度看行不行呢？

當然可以！爬到埃菲爾鐵塔上俯瞰，站到張家界大峽谷的玻璃橋下仰視也行。成本太高，必要性不大。

　　有人會說，練拳的過程中身體會不斷轉向，一個角度就可以全方位觀察，何必要變換角度？

　　這是一種偷懶的想法，在某個固定的角度，只能看到某個動作的一面，絕對不可能360度全方位兼顧。

　　對於沒有老師指點的練拳者來說，多機位、多角度拍視訊能更加清晰地看到自己的身法錯誤，是校正拳架、提高水準的一個捷徑。

學太極拳，四重四不重

所謂重和不重，是注重和不注重的意思，也就是注意力分配的問題。為什麼要談注意力分配呢？

太極拳要領繁多，法度森嚴，不但有周身上下肢體動作的規定，還有內在的神、勁、意、氣的要求，同時全部做到對於初學者來說無異於登天攬月。

所以，想練好太極拳，那就要研究一下學拳的規律。這麼多的動作要求，哪個先到位，哪個後跟上，哪些可以同時兼顧？

本文從四個方面，也可以說是四個層次入手，給初學者和丹田無感者提供一個思路。

說明：「重」是指分配70％至90％的注意力，「不重」指分配10％至30％的注意力。

重下不重上

有一個現象不知你發現沒有：太極拳是站在地上練的……不站在地上練，還坐在凳子上、躺在床上練嗎？

沒錯，雖然這是三歲孩子都知道的要求，但背後卻是有深義的。

站著練，我們首先要注重什麼？步法！學拳首先要把根基打好！步法就是根基。步法不對，努力白費！

武林中有很多貶低師父的話，「教拳不教步，教步打師父」便是其中一句。話雖糙，道理卻很細膩，明確指出

了步法的重要性。

那麼，如何練好步法呢？之前多處都有涉及，不再贅述。

需要強調一下：初學拳，70％的注意力放在下半身，即腿（膝）和腳上，上半身馬馬虎虎能比畫下來就行了。

重緊不重鬆

「鬆鬆鬆，太極功」，這句話本沒有錯，卻誤導了不少人，許多人認為太極拳就是一鬆到底，一緊便錯。這其實是一個天大的誤會。

太極乃陰陽，陰陽須平衡，緊是陽，鬆是陰，過分強調鬆卻不言緊，是陰陽失調，非太極之道。

再者說，練拳講抻筋拔骨，一味求鬆，如何抻？怎麼拔？

巧的是，初學太極拳，對下肢的要求恰恰是以緊為主，重上不重下與重緊不重鬆完美契合。

所以，放心大膽地求緊吧！緊到一定程度，自然知道什麼才是鬆。

重宏不重微

所謂重宏不重微，就是重視宏觀、整體，不要錙銖必較，盯著細節不放。

初學太極拳，要先學會畫大圈，肢體運行的路線、方向和角度大概差不多就行了，切莫找標準，求精確。如果注重細微之處，比如找穴位，重角度、求三合（肩與胯

合，肘與膝合，手與足合）等，必將陷於一葉障目，不見森林，首尾難顧，手忙腳亂之中。

待到動作熟練，肢體相對協調，才可以開始摳動作，重細節。

這個過程猶如裝枕頭，先把枕頭外套做好，然後一點一點往裡邊塞東西。枕頭套尚未完工或千瘡百孔，卻在研究往裡邊塞什麼、塞多少合適，豈不是本末倒置？

重形不重神

所謂重形不重神，就是重有形，輕無形。

有形指的是看得見的肢體動作。無形指的是心法、意念、眼神、呼吸、神態等。有形是無形的基礎，只有「外形」正確，「無形」才能衍生出來。

這個過程猶如蓋房子，用磚瓦、水泥、鋼筋把房子的框架建起來以後，內部無形的空間自然就會產生，然後才可以考慮室內空間佈局安排。

相反，如果不注重建造過程，造出的房子框架歪斜，缺樑少柱，已成危房。此時，不去反思整改，卻在研究室內設計裝潢，這樣的做法無異於鑽冰取火。

太極拳，是一個磨性子的運動，只有思路清晰、層次分明、穩紮穩打，才能穩步前行。

貪多求全，不分主次，面面俱到，只會欲速不達。

最後再強調一點：慢，就是快！

最好的捏架老師，是你的一個「器官」

比較傳統的太極拳師喜歡用一個詞——捏架，即校正拳架的意思。比起正架、調架，捏架更為形象傳神，把太極拳的精細程度表達得淋漓盡致。

陳小旺大師說：「練拳就是一個不斷縮小誤差的過程。」

縮小誤差的最好辦法，就是天天待在老師身邊讓老師「捏」——但是，就算你願意，老師也不一定天天有空「捏」你。即使像馬雲這樣的超級大腕，也沒法要求師父如影隨形天天跟著。

怎麼辦？有一句話這樣說：有條件，上！沒有條件，創造條件也要上！

怎麼創造呢？其實，「創造」一個老師一點都不難，因為每個人都有一個現成的，只是多數人憐香惜玉，捨不得讓「她」出力。

她是誰？你的一個「器官」，名字叫手機！

手機怎麼是器官？現代人機不離手，手不離機，手機就像長在身上一樣，不是「器官」是什麼？

捏架的方法，就是用手機自拍！可是，想用好這個「器官」，是有難度的。

首先，你得有強大的心理承受力。不就是拍個視訊嗎？難道比看恐怖片還揪心？拍視訊不難，看視訊難（受）！你有沒有這樣的經歷：練拳時感覺肢體非常到

位，動作非常瀟灑，可是拍下來一看，「我去」！這是我練的嗎？跟自己的想像差距好大啊！

改！改完再拍！拍完再看，再次「我去」！跟自己想像的、跟老師練的咋還不一樣呢？再改再拍！再拍再改！正常情況下，這個過程重複三四次以後，一般人都會就此收兵。

為什麼會這樣？美國心理學家亞伯拉罕・馬斯洛提出：人類的需求像階梯一樣從低到高分為五個層次，分別是生理需求、安全需求、情感和歸屬的需求、尊重需求和自我實現需求。

前兩個需求中國公民基本上都已滿足，大多數人都在努力滿足第三和第四層的需求。而情感、歸屬和尊重等需求的本質（前提）是「獲得認可」，即大家耳熟能詳的存在感。

別人會不會認可先不管，在自我認可這件事上，我們是毫不含糊的。對他人的評價可能還要考慮是否中肯。對自己呢，都會毫不猶豫地給個好評。至於這個好評是否客觀，我們管不了那麼多。

曾經有一個針對駕駛員水準的調查，結果顯示，大概有80％的司機認為自己的駕駛水準高於平均值（至少30％的人高估了自己的水準）。

我們回到拍視訊捏架子上，一遍又一遍拍視訊看視訊挑自己毛病，不斷對自己進行否定，這樣的摧殘，一般的小心靈是承受不了的。所以，大多數人會選擇一個既省力又省心的辦法——不拍不看，跟著感覺走。

當然，如果練拳就圖活動個筋骨，娛樂一下，這樣做是沒有任何問題的。如果想藉由太極拳練出點什麼，就很有必要對心靈進行一下「摧殘」了。過了心理關，剩下的問題就簡單了。

拍視訊為了捏架子，捏法有兩種：一是自己給自己挑毛病。二是透過視訊的比對挑毛病。跟誰對比呢？當然是老師了。顯而易見，第二個比第一個重要。所以，在拍視訊的時候要有正確的姿勢。

太極拳是一種立體的運動，從不同的角度觀察，看到的動作路線、方向是不一樣的。所以，在拍攝的時候，手機的機位遠近、高低、角度要和老師的視訊大致相同，這樣，才具備了可比性。如果地面有輔助線，那是最好不過了。

有朋友反映：拍也拍了，看也看了，可是改正的效果卻不好。這是為什麼呢？沒有抓住主要矛盾！

太極拳講究一動無不動，練起來全身都在畫圈。所以，很多人比對視訊改拳，常常是顧頭顧不了尾，顧手顧不了腳。眼花繚亂，無所適從。那怎麼改呢？老六有兩個建議。

1. 同練拳一樣，要自下而上，從步法改起。下半身改完，再改上半身，循序漸進。

2. 對同一個動作進行截圖，仔細觀察自己和老師動作的差異。

總而言之，把手機利用好，效果不比老師跟在身邊差多少。

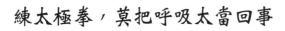

練太極拳，莫把呼吸太當回事

練太極拳要怎樣呼吸？自然呼吸。

什麼是自然呼吸？就是想吸的時候吸，想呼的時候呼，不要去配合動作。

如果與動作配合有什麼問題？會造成胸悶、憋氣、氣喘如牛，甚至會手忙腳亂，打亂練拳的節奏。

開吸合呼、起吸落呼、腹式呼吸等呼吸方式不對嗎？在練拳的過程中，會出現這些現象。但是，請注意，這些「配合」是結果，而不是過程。

呼吸和動作就像夫妻，剛結婚時尚處於磨合期，處處不合拍，隨著共處時間的增多，會逐漸默契起來，尤其是丹田產生氣感之後，呼吸與動作就會「夫唱婦隨」，這個過程是自然而然，水到渠成，是練出來的，不是強制「撮合」的結果。

丹田氣是不是靠呼吸練出來的？丹田氣的產生與呼吸不能說沒關係，但關係有多大呢？也就一毛錢左右吧。丹田氣要靠正確的外形引動。

發勁要不要呼吸配合？必須要明確一個概念：丹田氣不是自口鼻吸進的空氣，所以，發勁並不需要一吸一呼來完成。

有人說，練太極拳需要腹式呼吸才行，如果不是有意識地練習腹式呼吸，能練好拳嗎？其實，腹式呼吸也是結果。動作規範，持之以恆，腹式呼吸不思自得。

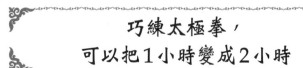

巧練太極拳，
可以把1小時變成2小時

過去的人缺錢，想把一分錢掰成兩半花。現代人缺時間，恨不得把一分鐘掰成兩半用。所以，合理利用練拳時間，提高效率非常必要。

怎樣提高呢？從兩個問題入手吧。

問題一：每天練拳多久合適？

沒人做過統計分析，所以這個問題沒有標準答案！

老六結合長期練拳、教拳的經驗，給大家一個參考意見：如果想達到健身的效果，每天最少練半小時。在體能允許的情況下，越長越好。

請注意，這裡說的時長，指的是練功時間，喝茶，侃大山（打屁），上廁所，刷朋友圈，熱身，和廣場舞大媽爭奪場地所佔用的時間是不能計算在內的。

當然，想要提高效率，僅僅知道時長是不夠的。還要知道一點：儘量不要把練功時間拆整為零。一天練一次，一次練30分鐘，比一天兩練，一次15分鐘要好。如果練一個套路耗時10分鐘，打一遍休息幾分鐘，累計打3遍，不如中間不停歇，一口氣打上3遍好。

為什麼要這樣練？這是因為人在運動時，身體從涼到熱從而達到最佳狀態有一個過程。只有在最佳狀態下練功的效率才最高，不斷「重啟」，就像採用漫灌法澆地時，

水泵反覆開關一樣，耗時，費水，灌溉的效果還差。

問題二：什麼時間練比較好？

老六學拳之初，曾經有一位七十多歲的「高人」主動指點，他問老六：「想不想快點長功力？告訴你一個秘訣！」老六喜出望外，趕緊洗耳恭聽，他說：「半夜12點，去墳地練！」

聽聞此言，老六的下巴差點驚掉。也許他所言不虛，但老六的膽子實在沒有那麼大，只能老老實實慢慢進步了。

膽子大的拳友，可以嘗試一下，把結果告訴老六。膽子小的，繼續讀下面的文字。

從中醫養生的角度看，早上人體處於生發狀態。這時候練拳，有利於啟動人體氣機，效果比較好。到了晚上，人體氣機斂藏，大量運動違反生理規律。所以，少動或不動為好。因此，練拳時間最好選擇早上，避開夜晚。但是，對於工作繁忙、只有碎片時間的人來說，就不能拘泥於這個「規定」了，有空就練總比不鍛鍊要好。

此外，還有一個經驗分享給大家：儘量在每天固定時間段練拳。這樣做，容易養成習慣並堅持下來。這個時間段，可根據自己的情況靈活安排。如果晚上老是加班或應酬，那就早上或中午練。如果生活規律，早上時間緊張，那就中午或晚上練。

最後，再重複一下本文的觀點：練拳時間儘量不要拆零，固定時間養成習慣最佳。

夏天膝、肩最易受傷，練太極拳要注意這幾點

　　膝、肩等關節病，往往在氣溫低的時候表現明顯，症狀加劇，所以許多人誤以為是冬天不注意保暖患上的疾病。其實，夏季人體陽氣蒸騰在外，腠理毛孔開放，風、濕等外邪最容易在夏天侵入人體，尤其是空調的普及，膝、肩關節患風濕病的機會大大增加，所以加強夏天的防護尤為重要。

　　那麼，夏天練太極拳要注意什麼呢？

　　1. 要早起

　　養生寶典《素問‧四季調神大論》要求夏天「夜臥早起」，不能睡懶覺。那麼，幾點起床合適呢？5點！5點至7點為卯時，卯時在五行中屬於木，主生發，這時人體陽氣開始發動，所以正是練拳的最佳時刻。

　　2. 運動要適量

　　夏天運動不宜過量，運動強度不宜過大，避免過度消耗。適量運動有什麼標準呢？沒有！每個人根據自身情況靈活把握。

　　給個參考意見：如果汗水不停地流入眼睛，已經影響練拳，就休息吧。

　　3. 不要頂著太陽練拳，及時補充水分，避免中暑和脫水。

　　注意：體內濕氣重的，不要大量喝水。

4. 注意保護關節

在練拳時特別要注意肩關節和膝關節的防護，不要穿背心和短褲練拳，避免風濕等外邪侵入人體。膝蓋、肩部有疾患者尤其要注意，晚上睡覺開冷氣最好穿睡衣。

5. 儘量不要在冷氣房練拳，在室外練完拳不要立即吹風扇或進入冷氣房。

6. 提高效率，夏季溫度高，人體關節相對鬆弛，不要在熱身上浪費時間。同時，拳架可以適當放低，增強開胯和練功的效果。

宇航員太空打太極，
顛覆了幾個你堅信的太極拳觀念

2016年11月18日，神舟十一號飛船返回艙成功著陸，而太空人「離宮」前表演的「巡天太極」更是引發了太極拳愛好者的興趣。據介紹，「巡天太極」是精心編排，反覆試驗，經過科學論證，適合太空人鍛鍊的一種非常好的體育運動，其效果毋庸置疑。

那麼，在太空失重狀態下打太極拳，一些太極拳理論還適用嗎？「巡天太極」是最鬆的太極拳。不敢說太空人的太極拳打得最好，但肯定打得最鬆，為什麼呢？

「鬆鬆鬆，太極功」。鬆一直是諸多太極拳愛好者孜孜以求的目標，無奈的是，地球不會因為你練太極拳就會取消引力。在重力作用下，我們的身體尤其是下肢，始終處於緊的狀態，根本不可能絕對放鬆，而在太空中，因重力引發的肌肉緊張根本就不存在，想不鬆下來都難。

太空中打太極能不能發勁？此次宇航員表演的太極拳，雖說是融合了五大門派的精華，但是沒有發勁動作。那麼，在太空中打太極拳，能不能發勁呢？

有一個較為普及的觀點，認為太極拳的發勁是「勁起於腳，行於腿，主宰於腰，形於手（或發於梢）」。什麼意思呢？就是「勁」來源於腳蹬地時的反作用力，由身體傳導到要發的部位。依照這一理論，在太空中打太極，是不可能發勁的，因為輕輕點地，人就會飛出去，力如何傳

導到梢節？

但是，這一理論的真實性十分可疑，老六見過太極拳高手坐在椅子上發勁，甚至跳起來在空中發勁，據說躺在地上也能發勁。這幾種發勁方式，勁和腳完全沒有關係。所以，在太空中發勁，是有可能的。

太空太極拳能搏擊嗎？太極拳搏擊的核心目標，是破壞對方重心。在太空中，重力都不存在了，何來重心？

此外，由於沒有重力，對戰雙方腳下都會無「根」，身體輕輕接觸的瞬間，在力的相互作用下，兩人都會向外飛出，高手下盤穩固的優勢不復存在。

其實，在太空中太極拳不能實戰很正常，原因如下：

一是宇航員不允許打架。二是太極拳是在地球上發明的，適用於有重力的環境。

估計未來上太空的人多了之後，會誕生專門用於太空搏擊的太極拳。

在失重狀態下，還有沒有丹田氣？這次對「巡天太極」的介紹，提到了氣，但是沒說有沒有丹田氣。

丹田氣不屬於現代科學研究的範疇，所以，根據有限的物理學、生物學知識，很難推導出人在太空中丹田氣還會不會存在。不過，如果非要一個答案的話，老六傾向於存在。因為，丹田氣的產生和重力沒有多大關係，氣沉丹田——其實用氣聚丹田更恰當。

當然，到底有還是沒有，需要經過驗證。老六相信，終有一天，我們的太極拳愛好者也能登上飛船遨遊太空，到時候，所有的問題都會有準確答案。

雲手的真相

太極拳中，雙手交替在胸前畫圈——這一式，叫什麼名稱？雲手！恭喜你！會搶答了。

第二題：雲手的曾用名叫什麼？許多人可能不知道——叫運手！

雲手和運手，有什麼區別？雲比運少了兩筆，寫起來不麻煩！雲手有意境，比運手「高大上」。還是雲手好！

真是這樣嗎？老六凡事喜歡較個真。較真的目的，不是玩文字遊戲，是為了把拳理弄清楚。

雲手和運手究竟有什麼不同呢？之前的文章，我們曾經「解剖」過一個詞——運動。

運，是身體內部五臟六腑的動——氣運丹田、脾主運化……動力來源是無形的氣。動，是肢體的動——動手動腳、動身動武……動力的來源是肌肉的收縮。

我們平常所謂的「運動」，只是在「動」而已，跟「運」沒有多大關係。

看到這裡，你是不是已經明白了雲手和運手的區別？

對！雲手，是強調兩隻手像雲一樣飄來飄去。而運手，是在強調以內帶外，以身運手。

那這個手怎麼個「運」法呢？會丹田內轉的，以丹田催動腰胯，腰胯催動雙臂，手隨著動就行了。丹田無感的，想著用腰胯帶動雙臂就行了。

多年前，看到過某大師的一句感慨：練了一輩子拳，

也沒有練好雲手。

當時，老六主觀地認為這是自謙之語，練拳日久，才逐漸明白此乃肺腑之言。

雲手動作非常簡單，想練好卻殊為不易，它是最考驗功力的招式，就像書法中「一」字最難寫一樣。它又是最不遮醜的招式，很多拳中的問題在這個動作上原形畢露。

雲手有三種步法：並步（雙腳併攏），偷步（後交叉步），蓋步（前交叉步），並步和偷步雲手最為常見。

雲手最容易出現哪些問題呢？最常見的是，上半身像鐘擺一樣搖過來晃過去，在並步雲手時最為明顯。（圖39）

圖 39

雲手正確的開步姿勢是（以向左開步為例）：身體保持中正，右胯微下沉，用左胯把左腿送出（敲黑板畫重點：重心仍在右腿）；左腳踏實後，重心向左腿移動（再敲黑板：重心不能上浮）。

之所以出現搖晃，是許多人不自覺偷懶，把移重心的

過程省略了：傾斜身體，重心晃到右腿，開步，傾斜身體帶重心到左腿。

現在，建議你站起來對著鏡子比畫一下，看自己有沒有晃。如果沒有晃，恭喜你！如果晃了，及時改正。改完之後，不要坐下，再來一遍，然後再仔細觀察：胯是不是頂出去了？

99％的人會把胯頂到腿的外側去。這是為什麼？絕大多數人在開步時，不是用胯把腿送出去，而是把腿迴盪一下利用慣性把腿甩出去，老六稱之為「鞭韃腿」（參見前文）。做雲手時雙腳幾乎併到一起，腿沒有迴盪的空間，如果不把胯頂出去轉移重心，就會開不了步。

雲手易犯的第二個錯誤──雙手飄浮。

雲手本為運手，是指以丹田（腰胯）催動雙手運動。由於步幅小，腰胯活動的範圍受限，很容易導致兩條手臂不能隨腰胯而動，自行在身體前面飄盪，違背了以身領手的要領。

飄浮不是蠻瀟灑嗎？有什麼問題？搖晃加上雙手飄浮，容易導致聳肩，氣不能沉丹田，橫氣填胸。

雲手易犯錯誤之三──襠撐不圓。

雲手並步時，雙腳距離很小，容易形成尖襠；做交叉步雲手時，容易把襠夾住，甚至夾死。

雲手易犯錯誤之四──丹田氣流紊亂。

當雙手同向運動時，丹田內氣同步圓轉，而在做雲手時，雙手分別順時針和逆時針畫圈，這時丹田氣做「∞」運動，如果把握不好，非常容易導致氣流亂竄。

　　看到這裡，有人會說，雲手這麼難，是不是就不能練了？

　　當然不是！練拳的過程，就是不斷縮小誤差的過程。有問題不可怕，只要我們知道什麼是正確的，就永遠不會跑偏。輕微的搖晃、頂胯無傷大雅，畢竟像孫祿堂那樣的大師，幾百年也沒出幾個。

　　老六最後想提醒初學者：雲手不易，萬不可把它當成基本功來練！否則，事倍而功半。

哪些部位需要丹田「照射」

《道德經》第十一章：「三十輻共一轂，當其無，有車之用。埏埴以為器，當其無，有器之用。鑿戶牖以為室，當其無，有室之用。故有之以為利，無之以為用。」

什麼意思呢？

三十根輻條裝在一個中空的轂上，正因為有了車轂中空的地方，才有車的作用。揉和陶土做成器皿，有了器具中空的地方，才有器皿的作用。開鑿門窗建造房屋，正因為有了房屋內部的空間，才有房屋的作用。所以，「有」為器物的使用提供便利，「無」是器物能夠使用的根本原因。

老子在這一章，舉了三個例子，來論證「有」和「無」的關係，這個道理如果直接來講，是極為抽象難懂的。一般人用一萬句雲山霧罩的話還講不明白的道理，老子能用三句話讓大家茅塞頓開，實在是厲害！

我們回到正題：練太極拳，哪個部位最重要？

還用問嗎？肯定是丹田！可你有沒有發現一個問題，這個最重要的部位，偏偏是無形的。西醫死活是不承認丹田這個部位的，因為在丹田的位置，劃開肚子，只有小腸。

周身上下，腳、膝、胯、腰、背、胸、臂、手、頭等部位皆有所指，看得見，摸得著，練功有具體要求。唯獨丹田最「頑皮」，「迎之不見其首，隨之不見其後」。

但恰恰是這個無形的隱秘部位，卻是肢體動作的總指揮。打個比方：有形的肢體和無形的丹田之間的關係就是輻和轂之孔洞的關係，陶土器皿的外形和內部空間的關係，門窗牆壁和室內空間的關係。

「有」是沒用的，「無」卻是有用的。但是，沒有「有」，就無從談「無」。「有」是為了服務「無」，「有」重要，「無」比「有」還重要。

簡化一下，我們把腳、膝、胯、腰、背、胸、臂、手、頭等都想像成車輪的輻條，把丹田想成轂中間的孔洞就行了。

陳小旺大師說：「所有的肢體動作都是為了服務丹田，要以丹田為核心。」知道這個概念，就夠了嗎？不夠！理論、概念要能指導練拳，這是老六寫文章的一貫原則。明白以丹田為核心，是第一步，我們還要把這個理論應用於練拳的實踐中。

首先，我們要明確一點，以丹田為核心，不是以丹田為中心。

腳、膝、胯、腰、背、胸、臂、手、頭，這些「輻條」長短不一，形狀各異，如果非要以丹田為圓心組成一個輪子，我們只能抱頭屈膝、團成一團，才能優雅地「滾」出去。

我們堅決不「滾」！忘記不規則的肢體形狀，把自己想像成一個輪子就行了。

其次，把抽象變成具象，怎麼變呢？把丹田想像成太陽吧。有句歌詞怎麼唱來著：「……像太陽，照到哪裡哪

裡亮……」

對，就是這句，我們借用一下：丹田像太陽，照到哪裡哪裡亮。

重點來了：我們把丹田想像成太陽，它能發出耀眼的光芒，但是，光線只能從腹部的前方「照射」出來。有人會說，老六，你憑什麼規定它只能從前面照出來？有兩個理由，第一，一般人說丹田在哪，都會指著腹部，你見過有人指著側腰和後腰嗎？第二，打比方只是為了讓大家明白正確的身法，所以有規定的情境。如果非要抬槓的話，不聽老六的就是。

咱們接著照，不對，是接著說。「光線」只能從前面「照射」出來，哪些部位可以「受光」呢？四肢、軀幹的前面和面部！背、腰、後腦勺只能在陰暗中顧影自憐了。（圖40）

圖 40

在練拳的過程中，能接受「光線」的部位一定要想方設法多「曬太陽」，如果非要說個比例的話，不低於90%。

當然，丹田也是很體貼人的，隨著丹田氣的不斷積聚，它也會慢慢地頂起腹部，凸鼓出來，「照射」的部位和面積會更大。

關於如何才能「多照」，在前文中對各個部位的要領有詳細的敘述，不再重複。但有兩個位置要特別注意：

手臂：最易犯的錯誤是跑到身後的「陰影」中。

腳：最容易被膝蓋擋住「光線」。

圖41右手放在身後，「光線」被腰擋住，不能「照射」到手。射向右腳的「光」被膝蓋擋住。

小結：

1. 丹田是全身的核心，周身上下都要服從丹田的「領導」。

2.「照射說」只是檢驗拳架是否規範的一種輔助方法，切莫將之當成《葵花寶典》。

圖 41

練太極拳的終極秘訣是什麼

葵花寶典、六脈神劍、九陰真經、降龍十八掌……在金庸的武俠小說中，這些武功、秘笈都很厲害，隨便學會一個便天下無敵，從此告別耕田紡織、牧馬放羊的乏味生活，行俠仗義，闖蕩江湖，不用賺錢，吃喝不愁。

那麼，太極拳有沒有一日功成的終極秘訣呢？

如果有，可是拳友們天大的福音，再也不用勤練苦修，出神入化之境朝聞夕至。

相信不少人有這樣的想法。

可是，任你翻爛幾百年間的各種拳論，也不會有多大收穫。你可能會發現許多練功的竅門，但絕對沒有一個夠得上「終極」的標準。

終極秘訣存在嗎？有沒有隱世高手習得此技，卻緘口不言呢？

回答這個問題之前，我們先要弄明白，太極拳的本質是什麼？

是武術嗎？其實不是。它是修身養性、返璞歸真的功法；它是披著武術外衣的哲學、智慧；它是老子所說的道。「迎之不見其首，隨之不見其後。」

陳小旺大師說：「練太極拳，只有不斷縮小誤差，無限接近於正確，但永遠不會登峰造極。」

套用一句流行的廣告語，叫：「只有更好，沒有最好！」所謂的終極秘訣是不存在的！

「原來是這樣的大道理啊？我早知道了！」看到這裡，許多人可能想翻頁，不看下文了。

且慢！知道這個大道理可能沒用，但當我們明白這個道理以後，可以反推一下：沒有終極的秘訣，當下的太極拳該怎麼練？

陳氏太極拳有句名言叫「一層功夫一層架」。換種說法，叫不同階段有不同的練法。再通俗一點，就是上小學要用小學教材，上初中不能用大學教材。

關於練法和功力增長的關係，有兩個特點：

練法和功力並非正相關關係

一種練功方法在某個階段的初期是正確的，但是，到了同一階段的後期，就會成為牢籠，制約拳技的進步。

這個過程就像蛇蛻皮：蛇有一個奇怪的特性——不斷蛻皮，這是由於蛇皮不會無限增大。因此，當蛇長到一定階段時，必須要蛻掉舊皮才能繼續生長。

隨著功力的增長，練法的適用期會越來越短

細心的拳友可能會發現，一些大師的拳架經常會有微調，這是為什麼呢？

在習練太極拳的初級階段，一種練功方法可以用很長時間。但是到了高級階段，適用期會越來越短。可能是幾個月，可能是幾週，甚至是幾天，不做調整就會受制於它。其實，「師父領進門，修行在個人」也在暗示著這一點。

　　那麼，每個階段究竟用什麼練法合適？到了什麼程度該換種練法呢？

　　太極拳太複雜，每個人的情況又各不相同，確實沒有一個統一標準。

　　有句真理叫：永遠不變的只有變。套用到太極拳中就是：每個階段都要運用對應的練法。

　　這句話，算不算終極秘訣呢？

附　錄

丹田內轉，給夢想插上了騰飛的翅膀

記得上高三那年，偶然看到電視劇裡男主角在自家陽臺上打太極，輕盈的步伐、柔美的身姿深深吸引了我。從那時起，我的心中就種下了一個太極夢！

這一等就是30年。

2015年夏，一場大病讓我的身體機能降到了低谷，之前喜愛的所有運動都讓我力不從心。2016年冬，一個偶然的機會，朋友和我聊起太極，問我有沒有興趣學太極。我當時心中一愣，這不就是我夢寐以求的東西嗎！我二話不說就答應了。

2018年3月，一幫拳友從陳家溝請來了專業的拳師教我們太極基本功、老架一路、老架二路、太極劍等，經由老師規範、嚴謹的講解和自己的勤學苦練，我打下了堅實的基礎。

2019年5月初，拳友香香非常神秘地發資訊給我：有個好消息想告訴你，我現在正在北京參加六月老師的太極拳丹田內轉培訓班，老師說我丹田萌動了，等我回來與你分享。接著她發了一個視訊給我，視訊中的香香一招一式如行雲流水，纏絲勁十足，之前行拳翹臀的毛病全沒了，我驚呆了！這哪像才幾天不見的香香啊，和一個多月之前簡直判若兩人！

5月9日，終於見到了香香，一見面她就興奮地說個不停，說六月老師如何博學，如何敬業……說得我心動不

已，就憑著對她的信任、對太極的熱愛和執著、對丹田內轉的渴望以及對六月老師的好奇，我還沒瞭解清楚就答應了與她一同向六月老師學習。

跟六月老師線上學習後，老師的「要享受太極，不要忍受太極」的理念讓我非常新奇：不用站樁，不用練基本功，甚至不用熱身，所有的輔助功法在行拳過程中都可以完成。對於我這個不愛站樁的人來說，正中下懷。課堂上，老師用打氣筒、氣球兩樣簡單的道具，深入淺出地把如何將內氣引向丹田並轉動的原理解析得透徹、明瞭，讓我茅塞頓開。原來丹田並不神秘，丹田內轉也不是夢。瞬間，我對丹田轉動充滿了信心。

此後，每週一次的線上課，老師邊講理論，邊糾正拳架，每三天交一次作業。最開心的是老師把批改好的作業發回給我們的時候，我除了反覆看自己拳中的錯誤，並進行糾正外，還悄悄地看其他學員的錯誤，同時查看自己身上是否存在。就這樣，我的拳架在一天天進步，身上氣感也在一天天增強。

半個月後的一天，當我練到拗步時，突然感覺下腹一緊，一個東西猶如胎動一樣從右邊滾到了左邊。當時，不知道是不是丹田萌動了，也不敢問老師，怕大家笑話。

直到又過了一個星期之後，我終於忍不住了，悄悄地問若溪，這種現象是不是萌動？若溪肯定地告訴我，當然是啊！她立刻把這喜訊告訴了老師和其他學員，大家紛紛發紅包對我表示祝賀。

線上上學習2個月後，終於盼來了教練營集訓的日

子。我懷揣夢想，攜上希望，直奔焦作。

集訓時，老師沒有多餘的話語，直接一對一輪流指導，一個動作一個動作地細細幫我們捏架。這種授課方式讓我有種請私教的感覺，學起來特別帶勁。

六月老師非常敬業，不厭其煩，不辭辛苦，一站就是一整天，搬個凳子給他坐，還沒坐熱又起來指導。隨著老師一遍又一遍地糾正拳架和自己努力地改架，感悟越來越多，收穫越來越大。

3天後，感覺能轉動丹田的動作越來越多。5天集訓結束，能讓丹田轉動的招式已經接近了一半，雖然離我所有動作都能轉動的目標有點遠，但僅僅過去兩個多月就能達到這樣的效果，已經讓我非常滿意了。

自從丹田轉動後，整個行拳過程丹田都跟著轉。每個纏絲掤手，手臂都有熱氣湧動；每個鬆沉動作，腳下都像是打樁一樣的沉穩。這種行拳的感覺有種只可意會，不可言傳的美妙。練拳三五遍都不再有疲憊感，我深深地愛上了這套拳。

跟隨六月老師學拳兩個多月，我的身體發生了明顯變化：

1.以前脾胃虛弱，肚子老是脹氣，有時候脹得發痛。丹田轉動以後，脾胃也逐漸變得強壯起來，脹氣的東西吃下去也沒什麼反應了，幾十年的困擾迎刃而解。

2.不再怕冷。前幾年，同樣打拳，但打完以後渾身流汗，手腳卻冰涼。夜晚睡覺也是令我痛苦的事情，睡前無論用何種方法焐熱了手腳，睡到半夜都會被打回原形！自

從丹田實現了轉動，伴隨我大半輩子的寒涼就退去了大半。

　　3.濕氣明顯減少。濕氣是伴隨了我幾十年的傢伙 ：懶言，說話有氣無力，舌苔白厚，舌邊齒痕重，皮膚冒油，晨起困難，注意力不集中，記憶力嚴重下降，睡再多起來都累，總也睡不醒。丹田轉動以後，狀況大有改善：話多起來了，聲音大了，說話不再費勁，厚厚的舌苔退到了舌根，注意力可以集中起來，不再老是走神了。最開心的是晨起不再是難事，睡早睡晚都可以迅速起床，起來後腦袋也清醒了。

　　跟六月老師學拳的270多個日日夜夜，我用自己的親身體驗證實了老師的「六月丹田轉」理論，老師說得沒錯──誰練誰知道，誰練誰受益！

江西贛州　芷若

太極之巔的美景，我想去看看

不知不覺，習練陳式太極拳老架一路，已有16個年頭了。

一路走來，經歷了成長和收穫，品味了困惑和迷茫，熬過了寂寥和清苦！

路上，有陳拳傳人的啟蒙，有民間高手的解惑，還有陳家溝大師的指點。我受益良多，孩子在高三期間練拳也受益匪淺。我還把一路拳傳給了本地的一些拳友，給他們帶去了健康。

雖然體悟太極拳的進度緩慢，但也有一些切身的感受，曾經一度以為，太極殿堂金碧輝煌，周圍是高牆大院，我就站在院門外。門稍開，裡面的殿堂朦朧可見。我已經抬起一隻腳，卻無法邁入院中。

參加了「太極六月丹田轉」第39期集訓營，短短6天的學習令我猛然清醒：我仍在太極高山靠近山腳的位置，已然入山，卻前行不遠，周圍滿眼是蒼翠的林木和嶙峋的山石。前人上山走過的路只是偶爾閃現便隱去，沒有坦途。太極殿堂的景象，只是剛剛靠石小憩的一枕黃粱。抬頭望去，遠遠的山霧稍開一些，山頂仍然遙不可及。不過，我堅信：我一定可以攀到山頂。我也堅信山巔之色一定很美，我想去看看！

世間萬事萬物皆講求緣法。初讀六月老師公眾號裡的文章，如同在眾多圓潤不一的珍珠中，忽然發現一顆璀璨

奪目的上品。

　　我很難相信，在當下的環境裡，還有人願講、敢講、
會講太極拳裡的「真東西」。我正是被這些「真東西」吸
引而來。

　　我參加集訓營主要有兩個目標：

　　一是親身體驗、考證內氣和丹田萌動。透過學習訓
練，已經掌握了原理，知道了萌動的特徵。自第二天起至
今，小腹及對應後腰感受到如同高頻脈搏跳動，丹田部位
周邊氣血運行在短時間內增強。

　　二是透過拳架，學習如何以丹田為核心，節節貫穿向
末梢傳導。心理預期是仔細地整理出前5式就好，實際情
況是學習了前15式。

　　再說說六月老師和集訓內容。每個人都有自己的處世
原則，我學拳、教拳，包括交友，都堅持人品為先。人要
正，再談拳！

　　未見老師前，我也沒讓老學員的讚譽之詞影響自己的
判斷，甚至對老師的神秘式教學略有微辭，直至見面瞭解
了具體原因也就理解了。

　　人與人若是投緣，一次簡短的會面，甚至一個眼神的
交流，就已足夠！於是，我欣然報名參加了研修班。

　　六月老師多年總結出來的集訓內容，總體來說，切入
精準、直指核心，層次明晰、系統規範，化繁為簡、易於
接受。概括為三個詞──「丹田」「內氣」「養生」。丹田
是切入點，是核心；內氣是手段，是層次；養生是界定，
是方向。

太極不是人生的全部，有了太極，人生會有別樣的精彩。

我在「登山」途中，對六月老師的指引和幫助心存感恩。對今後的「登山」之路充滿了信心和希望。

最後，我想說的是，太極大道，誰練誰知道，誰堅持誰受益，且練且珍惜。與君共勉！

山東棗莊　李良杰

黃醫生夫婦學拳記

　　黃三思和陳玉香是一對夫妻，二人一起結緣太極，相互影響，相互扶持，是一對恩愛的太極伉儷。

陳玉香（妻）：

　　2014年，我因工作繁忙，沒有健身的意識，導致腰椎間盤突出發作，什麼家務都做不了，一歲多的女兒也不敢抱。每年天氣變冷發作時就得做艾灸、理療、牽引、按摩，吃藥打針一起上，後來腰痛到無法上班。我嘗試了各種健身方法，最終與太極拳結下不解之緣。

　　2019年2月，我在一個群裡偶然發現一篇文章《內氣人人有，為什麼你練不到丹田》，關注公眾號後，一連看了好幾篇，不想停下，特別興奮地和好友分享，並且決定跟著六月老師線上上學習。

黃三思（夫）：

　　我在當地一家醫院影像科工作了36年。

　　2019年3月，我妻子說，她要跟一個專門練丹田的老師學拳，把在當地拳館交過的半年學費都退了。當時我很鬱悶，面對面地教，還沒有網上教得好？能教丹田轉動？是不是被人忽悠了呢？不過，我也沒有堅決反對她去學，人各有志，你學你的，我堅持學我的。

陳玉香：

　　在網上學拳，老師每3天進行一次視訊截圖指導，每週一次微信視訊糾正拳架加理論課，進步之快超出想像。

2019年「五一」期間，我參加了老師在北京舉辦的丹田萌動班。

在練雙手纏絲和雲手時，肚子隨著手的運動方向有明顯抽筋的感覺，能用上一點力。回家後照做，每天練拳1個小時，感覺練很多動作肚子都有動感，覺得很奇妙。

黃三思：

妻子從北京培訓回來後，說六月老師為人和藹可親，教的是養生拳，不發力，但能打出一種氣勢來。她的丹田也萌動了，我不相信。她不斷地給我講解六月老師的拳架和理論，拿著我的手做纏絲動作，做了幾個動作後，我的肚子就脹得不得了，有快要脹破的感覺。至此我才相信真有這麼回事。

陳玉香：

2019年7月，我去焦作參加培訓班，老師一對一輔導，每天不停地給大家捏架子，所有人都是一天一個樣，拳架得到高效校正。

在訓練的過程中，總是能聽到很多學員說自己肚子很緊、很脹，肚子咕嚕咕嚕叫，有丹田萌動的跡象，真為他們感到高興！

黃三思：

2019年7月，妻子去了焦作一週之後，我也緊隨其後，和她一起走進了六月老師的課堂。在淨影連學了兩期，大開眼界，才知道太極拳竟蘊含這樣豐厚的文化底蘊。

在培訓期間，六月老師一對一個性化捏架，指出每個

人的不足之處，使我們不僅知其然，還知其所以然。理論和捏架同步進行，大家的拳藝突飛猛進。

陳玉香：

跟著六月老師學拳以來，我的身體發生了很大變化，腰痛沒有再發作過，家務活都能幹了，每月一次的感冒加口腔潰瘍也消失了，感覺精神狀態越來越好。近兩個月走在街上，遇到朋友，他們都說我瘦了，更精神了。

黃三思：

透過學練六月老師的這套拳，我的身體有了明顯變化，改掉了三十多年夜貓子的習慣，身體也更健康了，這疼那痛的毛病明顯減少了，也不怕冷了，冬天都不用穿那麼多衣服了。

陳玉香：

老公現在逢人就說練丹田氣對身體很好，遇到來他科室做CT檢查的人，他就會把自己練太極的親身體會告訴他們，動員他們把練太極拳作為輔助治療手段。

我也在積極動員身邊的人學拳，告訴他們辛苦一陣子，收益一輩子。抽出一點時間，給自己的健康存款，值！

尋道之旅

　　源於對太極拳的喜歡，更驚訝於一份神秘，我們一行四人不遠千里，問道中原，去探尋傳說中的「丹田內轉」。

　　一直以來，總感覺丹田內轉很神秘，是小腸的蠕動？還是內氣的流竄？抑或是一種能量的傳遞？

　　網上文章很多，大家眾說紛紜，莫衷一是。能練到身上，似乎是癡人說夢，天方夜譚，更何況用一週的時間就能找到丹田萌動的感覺，一定是故弄玄虛，或者根本就是個騙局！我抱著忐忑和探秘的心態，開啟了「尋道之旅」。

　　倚在列車的窗前，望著轉瞬即逝的風景，心想：人生不過是一場感悟之旅，喜歡的就不要放棄，好奇的就去探尋，不必徘徊和猶豫，不要給自己的人生留下遺憾。一時間，我對自己的勇敢抉擇有了些許安慰，變得更從容、更淡定、更閒適、更輕鬆。於我而言，此行是揭秘，是圓夢，是尋道，也是心靈的旅行。

　　終於到達目的地，那是一個叫淨影的景區，風景如畫，群山環繞。對山並不陌生，但這裡的淨影山莊似乎多了一點世外桃源的素雅、寧靜與禪意。

　　清澈的池塘映著如洗的碧空，白雲多情地起舞，曼妙的舞姿靈動而輕盈。在一片山楂樹婆娑斑駁的樹蔭下，我們正式開始「丹田萌動」集訓，也是第一次見到六月老

師。

　　六月老師低調謙和，平靜內斂，說話舒緩低沉，聽他講話，像一汨汨清泉流淌在血管裡，有一種特殊的氣息，能讓浮躁的心情慢慢歸於平靜。

　　六月老師用氣球和打氣筒作為道具，為大家分享「丹田內轉」原理。其實每個人身上都有氣感，就像日常生活中的電波，看不到，摸不到，但確確實實存在著。電能，可以轉化成熱能、光能等，服務於生活的方方面面。而人體的氣，能作用於我們的五臟六腑和經絡血管等，維持生命生生不息。人活一口氣，無氣則生命終止。

　　六月老師的道具演示形象而生動，使人茅塞頓開，豁然開朗。道理是明白了，但練出氣感才是我們此行的目的。

　　「功夫源於細節的積累」，「不以規矩，不能成方圓」。六月老師耐心細緻地指出我們行拳多年養成的毛病，然後強化訓練了幾個練丹田內轉的方法，比如，雙手纏絲，逆纏手略高，順纏手略低，下沉後，雙手翻轉再移重心，儘量移到位後下沉，然後移動，這樣虛實才分明，才符合太極拳的原理……

　　靜聽六月老師講解，生怕漏掉一個字，就用快速記憶法在手機上做記錄，晚上回到賓館再重新整理。短短六天，記了一本筆記。這樣的學習態度，連我自己都感到驚訝。回到家後，翻看那些凌亂的文字，都是滿滿的記憶，真的是彌足珍貴。

　　後來的幾天，我們就在不斷地糾架子與強化訓練中度

過，每個人都沉浸在陶醉或忘我的境界中。喜悅與開心替代了炎熱與汗水，全然感覺不到暑氣襲人，感覺不到時間的飛逝。在一遍又一遍的行拳中，我們認真體悟著老師講的每一個細節。

任何收穫都不是一蹴可幾的，都是從量變到質變的過程，都是經由千百次的修煉而來的。如果有捷徑，那就是正確的方法和規範的細節，就像登山，如果希望儘快爬到山頂去體悟「一覽眾山小」的境界，六月老師能做的不是背你上山，也不是告訴你山上的風景到底多美，而是讓你順著他手指的方向一路向前，堅持走下去，就能在最短的時間領略到屬於自己的風景。

歸程後，我們每天堅持打卡活動，從不間斷。每天都有微妙而神奇的體驗與變化。那種妙不可言的感覺真的是「只可意會，不可言傳」，重新閱讀老師的文章，更能領略到其中許多的妙處。

大道至簡。人生許多事，因無知而迷惑，因無緣而錯過，因懷疑而放棄，因堅持而成就。六月老師也許算不上什麼大師，但他博學精進，謙虛耐心，視角獨到，見解深刻，他可以讓每個追夢太極的人成就自我。

淨影山莊開啟了我們的「丹田萌動」之旅，有六月老師的地方，就是我們追尋的方向……

河北保定　趙進麗

丹田已萌動，內轉不是夢

　　夜幕降臨，我在回家的列車上心緒難平。雖然家越來越近了，但我懷念焦作的那塊練拳場地、那些拳友及和藹的六月老師。

　　我學拳兩年半，拋灑了很多汗水，也吃了很多苦，但越來越困惑。

　　我不知道學太極拳到底是為了什麼，表演或是拳架好看讓人讚揚？為了那些虛榮，我練傷了膝和腰。慢慢地，我明白了自己的學拳目的。我學太極拳不是為了健身，而是要追求養生功能。隨後，我研究了很多文章，知道內家拳養生必須要「內練一口氣」，但氣從哪裡來，誰願意教，我帶著這些問題苦苦獨行。

　　有一次，在一個拳友群，我無意看到了六月老師的一篇文章《不會轉丹田，我們寧可不練太極拳》。我震驚了，我找到了方向，一口氣連讀了三遍，接著又添加了公眾號，裡面的文章赫然打開了我的心智。我如饑似渴地讀著，感覺找到了我要找的人。

　　第二天，我立即加了六月老師的微信。老師看了我的練拳視訊，說我有基礎，可以練丹田內轉，我又是一陣激動。老師說，讓我多看一些公眾號文章再做決定要不要和他學習。我又一篇篇看過去，堅定了跟著六月老師學習的決心。

　　第三天，我立即報名去焦作參加培訓班。聽說我要去

千里之外學丹田內轉,我的一幫師兄妹們很替我擔心,怕我上當受騙。

所有人都不支持我的想法,但我求學的決心已定,毅然踏上西去的列車,經過12小時的飛馳,到了焦作集訓地,一點也不感到累,反而有點興奮。

第二天一早,拳友們都到了,六月老師四十多歲,精神矍鑠,面相平和,一看就是個練家子。學員們展示了一下拳架後,六月老師又親自演示一遍,接著震驚的一幕出現了,六月老師讓每個學員輪流觸摸著他的下腹部,隨拳架走向,讓大家親自體驗丹田的起伏轉動。我摸到了老師的丹田轉動,我來對了!

六月老師為我們仔細分析了丹田轉動的原理,原來,丹田內轉並不神秘,人人都可以練習,而且在焦作、陳家溝有丹田氣的人也很普遍,不需要什麼特殊體質的人群,普通人都可以正常練成。

按照老師的方法練習,我的氣感來得很快。第二天走路下臺階時,我的下腹部就有氣感了。同期的拳友也在第三四天產生了氣感。

練拳中,六月老師穿插解答了我們多年的練拳疑惑,用平白易懂的語言講解了開胯、丹田、鬆緊、膝痛、整勁、腰襠、樁功、折腕、臂部和腿部纏絲等知識,可謂是學練一體。

大家說,這次培訓讓我們對太極拳的認知上了一個大臺階,真得感謝這麼好的六月老師!

六天的集訓很快結束了,大家收穫滿滿。六月老師又

分別和每位學員進行陪練，拍好同步視訊，讓大家回去仔細對照練習。這樣有理論、有實踐、會教學的明師真是可遇不可求啊！

我悄悄地問六月老師，老師您把太極拳最核心的丹田練習法這麼輕易無私地教給大家，不怕同行指責您嗎？六月老師憨憨一笑：外練筋骨皮的「太極拳」誤傷了多少人！我只願天下所有愛好太極拳的人都能得到丹田的「照射」，步入健康養生的殿堂！

江蘇鹽城　袁采新

六月印象

母親打了 20 多年太極拳，70 多歲的人身體仍舊很好，幾乎沒有去過醫院。在母親言傳身教的引導下，2017 年我也正式開始習練太極拳。

剛開始學拳，很多朋友提醒我，打拳時一定要注意，別傷了膝蓋。一開始我還覺得奇怪，打拳不是養生嗎？怎麼還會傷身體？直到我把慢悠悠的太極拳打成「俠女拳」，膝蓋開始隱隱作痛，我才驚覺，太極拳還有這個副作用！

母親打拳膝蓋沒問題，為什麼我的膝蓋就會疼呢？她也覺得很奇怪，但是沒有辦法解決我的問題。於是我上網搜索「太極、膝蓋痛」。不搜不知道，一搜嚇一跳，大量的拳友竟然都有這個痛點！各種答疑的文章眼花繚亂，其中一篇《治癒太極膝蓋痛，100 人驗證有效》的標題像夜空中的啟明星，我兩眼放光地點進去，仔仔細細讀了起來。這篇文章從膝蓋痛的原因講到解決的辦法，又從連結跳轉到太極拳的方方面面。

雖然講的是陳氏太極，但作者採用了大量的比喻和圖示，以淺顯的例子講述了看不見摸不到的拳理拳法。我仔細琢磨，和母親教拳時說的很多道理是相通的，不知不覺竟然閱讀了上百篇該公眾號文章。

文中提到，改正膝蓋病痛的重點是「固」，第一步先關注腳底趴地、平行，再關注膝蓋是否固定。按照這個方

法，我在打拳時留心關注腳和膝蓋，行拳時竟不由自主地慢了下來，一套拳打完雖然比平日累了很多，但膝蓋的疼痛感卻真的減少了！

這太神奇了，我非常想認識下這位高人。於是我毫不猶豫地加了六月老師的微信號，和他聊了起來，並跟他練拳至今。

時至今日，我仍舊慶幸當時的衝動，只透過文字便有了對寫作者的信任。也許絕大多數追隨六月的師兄們都有著和我一樣的經歷，先是看到文章，從見字如見人，漸漸變成見人如見字。

六月的文章，將太極深奧難解的道理，以淺顯易懂的比喻和圖示，讓初學者恍然大悟。

六月的微信，不多言語，直接用學員練拳的視訊做批註，什麼動作高一些，什麼動作再低點，一目了然。

六月這個人，與眾多河南本地人一樣，清秀但不小氣，沉默但不寡言，行動多於巧舌，普普通通，卻與眾不同。

我沒見過他這樣的人，給人的感覺如沐春風，但又夾著剛強。

他教拳的時候話非常少，七八個人打拳，能聽到的只有呼吸聲。他是行動派，每招每式一遍遍親傳，等學員學會了拳架，他還要毫無保留地教內氣。「氣」怎麼教啊？沒關係，看不到那就摸。很多拳師在這個環節大概只有最親的弟子才會讓摸，而他可以無所顧忌地讓我們摸著他的丹田，體會什麼叫丹田內轉。

他就是這樣一個人，既不是俠客，也不是老神仙。他只是願意手把手地引領太極「盲人」，一步一個腳印，踏踏實實地前行。他曾說：「什麼地方有陷阱，我都走過了，吃過虧，所以你們就不用再走彎路。」說這話時，他輕聲細語，好像所有的痛都不算什麼。

六月能讓學員避免受傷的痛，但他又鼓勵學員勇敢地面對必須要經受的痛。我第一次集訓後，大腿疼了數月，緊隨而至的是腳踝疼、膝蓋疼、尾椎疼、腰椎疼、胸椎疼、頸椎疼、直到頭疼。

每次看我齜牙咧嘴的樣子，六月總是難得地笑笑，然後安慰我說，這些疼痛是好事，有的是建構肌肉、筋腱，有的則是在修復病灶，正所謂通則不痛，痛則不通。

在隨六月學拳一年後，我正式成為六月太極研修班的弟子。研修班每週兩次作業，一次視訊課。不知不覺中，作業已經提交了 30 多次，身體在坐臥行走中漸漸滲透了太極的沉、墜、穩，甚至連寫字也感覺到有了一絲力透紙背的內功。

太極是點點滴滴的積累。所有的奇妙靠的是在練習中領悟，在領悟中提升。而這一切都離不開六月引導我走上修內的正途。所以，六月老師，請允許我發自內心地稱呼您一聲：恩師！

北京　若素

萬里學拳　見證奇蹟

明師難求，已經成為太極拳友們的共識。遠在大洋彼岸，試圖多方尋求明師的我也一度十分苦惱。

我所在的小鎮離世界金融中心紐約市大概100多公里，既不是熱鬧非凡，也非人跡罕至。方圓60公里內有五家太極拳館及若干在健身房和老年中心授課的拳師。逐個接觸瞭解後，我感覺都不太理想，包括師資水準、文化底蘊、脾氣秉性、授課方向、時間地點等。一一排除後，我轉向網上視訊進行學習，馬上就得出了自己悟性不夠的結論。無奈太極夢暫時擱淺。

太極魅力無窮，讓人欲罷不能。幾天後我就開始了向內求（國內的「內」）。在互聯網高度發達的時代，太極人也在嘗試著網路教學。

對此，我相信大多數拳友（包括我）的觀點是：網路教學肯定不如現場一對一指導的效果好。抱著試試看的心態，我參加了「太極六月丹田轉」的線上課程。

在不到一年的時間裡竟然是驚喜不斷。不僅拳架有了長足的進步，對太極的感悟也日益精進。什麼是以身領手？哪些動作容易忽略沉肩墜肘，逢轉必沉？怎樣練開胯合胯？如何做到行拳有整勁？這些既熟悉又模糊的概念在一次次課程中層層深入，漸漸領悟。這都得益於六月老師既條理清晰，又循序漸進的教學大綱，以及採用小班教學和因材施教的方法。

　　在每週兩次的視訊作業中，我體驗了點滴進步的欣喜。愛太極、戀太極的師兄師姐們經常在微信群裡激烈地討論一招一式的來龍去脈和習練方法，我們在太極修行的路上結伴而行。

　　2019 年 7 月，我經由近 12000 公里的旅行，來到太極之鄉河南焦作，參加為期五天的「六月丹田轉」教練班密訓課程。

　　雖然這次兩萬里學拳被很多朋友認為是瘋狂的舉動，但因為集訓前兩個月線上課程的收穫，我一直是信心滿滿的。

　　經過了第一天的懵懂期，第二天的思路逐漸清晰。逐個回憶六月老師對我拳架中一招一式的糾正，都蘊含了他對拳理的深刻體會和豐富的教學經驗。以前總是彆彆扭扭的招式在老師潤物細無聲般地指導下變得清晰明瞭。

　　休息時，觀摩老師給其他學員改拳架，我驚奇地發現六月老師有一雙能識善認的慧眼。不僅他糾正的每一個動作都直指太極拳的核心，而且給每個人提出的要求既有提升空間，又並非遙不可及。

　　我心裡暗想：這不就是太極人心心念念的明師嗎（功夫深厚，拳理通透，一絲不苟，絲絲入扣……）！我大喜，我是如何不知不覺幸運地中了頭彩！

　　雖然有過幾年其他拳種的學習經歷，作為陳拳的「小白」，我對此行丹田萌動的希望為零。然而，奇蹟還是不期而至，經過集訓第三天的肚子發緊，集訓第四天向右纏絲時，我突然感覺像核桃大的一個東西隨動作向小腹的右

邊劃過。

　　反覆地和周圍的師兄師姐求證而得到肯定的答覆後，我內心的狂喜可想而知。我第一時間和美國的拳友分享，他們更是唏噓不已，盼望早日和我交流。

　　集訓後，每天自己練拳時都會有新的感悟，有時像哥倫布發現美洲大陸一樣欣喜若狂，有時又像品一杯香茶般舒適恬靜。

　　我自詡為一個文化人，各種拳論拳理的書也看了不少，討論太極時也能引經據典地說上一陣。什麼是以形引氣，進而以氣帶身；什麼是鬆腰鬆胯；什麼是掤勁；什麼是五趾抓地……集訓後，我清醒地意識到以前對這些概念是似懂而非懂。只有當這些耳熟能詳的經典語錄在身上得到了體驗，才明白了自己正在經歷著太極路上的一場蛻變。原來這就是明師的力量！

　　無一日不太極！希望這是我終生的座右銘。

美國紐黑文　空寧

我的丹田追夢之旅

　　我是江西贛州定南縣太極拳協會會長，從2009年開始學習太極拳，至今整整10年了。在學拳的頭幾年，我在深圳接觸了一些老師。他們在講課和教拳的時候，總是提到丹田。那個時候老師講得比較籠統，怎樣練會有丹田的感覺，他們都沒講出來。所以自己一直在關注丹田，很想自己有丹田氣感。

　　2012年，有幾個朋友去北京，帶回來馮志強大師的內功十法。我從他們那裡燒錄了一個光碟，照著練習。每天早、中、晚都堅持站樁，練了三四年，不管是颱風下雨，從來沒有間斷過。

　　有一段時間，為了加強氣感，還特意從木工那裡定製了一塊木條，把塑膠瓶裝滿水，用膠帶纏好。站樁的時候就叫妻子將之放在我手上，看看能不能出現奇蹟，就這樣堅持著，雖然站出來熱氣，手上更有勁了，但丹田依然沒反應。

　　或許是冥冥之中的安排。2019年，經拳友介紹，我有幸參加了六月老師親授的丹田萌動集訓營，感覺很神奇，不需要站樁，也不需要練開合功。按照他的拳法練了以後，肚子就開始發脹了，氣感明顯變強了，有的時候肚子脹得都受不了，而且會發燙，非常燙！還有的時候，整個下腹感覺很重，走路都會抖起來。我把身體發生的變化告訴了六月老師。

　　老師告訴我，這是丹田氣加強、萌動的表現。

　　連續參加了兩次培訓班後，還有一個意外的收穫。以前我打拳，站得比較高，練高架。

　　幾個人壓我的大腿，壓得我疼得受不了，胯都沒打開。現在打拳打得很低了，「千年老胯」不知不覺中竟然打開了，真是一個奇蹟！

　　在和六月老師學拳的這段時間裡，我體會到這套拳對養生是很有好處的，它能夠調動人的五臟六腑，內外雙修，達到周身一家，這是太極拳愛好者都嚮往的東西。

　　我已經60多歲了，前兩年在定南縣都是我在教拳，我一直想培養幾個年輕人。六月老師幫我在定南培養了教練，對定南的太極拳發展奠定了一個很好的基礎，非常感謝！

　　　　　　　　　　　　　　　　江西贛州　楊學明

國家圖書館出版品預行編目資料

太極拳，你練對了嗎／尹立新(老六) 著
——初版——臺北市，大展出版社有限公司，2022[民111.07]
面；21公分——（武學釋典；57）
ISBN 978-986-346-372-6 （平裝）
1. CST：太極拳
528.972　　　　　　　　　　　　111006850

太極拳，你練對了嗎

著　　者／尹　立　新(老六)

責任編輯／徐　俊　杰

發 行 人／蔡　森　明

出 版 者／大展出版社有限公司

社　　址／台北市北投區（石牌）致遠一路2段12巷1號

電　　話／(02) 28236031・28236033・28233123

傳　　真／(02) 28272069

郵政劃撥／01669551

網　　址／www.dah-jaan.com.tw

E-mail／service@dah-jaan.com.tw

登 記 證／局版臺業字第2171號

承 印 者／傳興印刷有限公司

裝　　訂／佳昇興業有限公司

排 版 者／千兵企業有限公司

授 權 者／山西科學技術出版社

初版1刷／2022年（民111）7月

定　價／380元

大展好書　好書大展
品嘗好書　冠群可期

大展好書　好書大展

品嘗好書　冠群可期